Die Rezepte in diesem Kochbuch finden Sie auch auf dem dazugehörigen Thermomix® Rezept-Chip. Da wir unsere Rezepte kontinuierlich prüfen und optimieren, können gelegentlich unerhebliche Unterschiede zwischen Kochbuch und Thermomix® Rezept-Chip auftreten. Dies hat keinen Einfluss auf das gute Gelingen der Rezepte.

Genuss auf allen Ebenen

Mit dem Thermomix® TM5 die internationale Varoma-Küche entdecken

thermomix

Willkommen!

LIEBE THERMOMIX® KUNDEN,

das neue internationale Thermomix® Kochbuch liegt vor Ihnen. Mit „Genuss auf allen Ebenen" haben wir ein Kochbuch entwickelt, dass Ihnen kreative Ideen für Ihre Alltagsküche gibt, aber auch raffinierte Kreationen für Gäste oder besondere Anlässe bietet. Eines verbindet alle Rezepte: In allen kommt der Varoma zum Einsatz.

Ganz oben auf der Wunschliste unserer Kunden stehen kreative Rezeptideen rund um das Dampfgaren mit dem Varoma. Damit kann die Vielzahl an Möglichkeiten, die der Thermomix® als Küchenhelfer bietet, bestmöglich ausgenutzt werden. Die Rezepte in diesem Buch zeigen Ihnen zum einen die Vorteile des Dampfgarens: leichte, schonende Zubereitung von Fleisch, Fisch und Gemüse.

Zum anderen möchten wir Ihnen Dampfgaren als alltägliche Zubereitungsmethode ans Herz legen – für mehr Kreativität in Ihrer Küche und als Möglichkeit zur Zubereitung größerer Portionen oder verschiedener Gerichte gleichzeitig. Der Thermomix® bereitet Marinaden, Teige, Füllungen und Saucen zu, und am Ende haben Sie ein köstliches Gericht zubereitet.

Lassen Sie sich von unseren kreativen Gerichten und Rezepten aus vielen Thermomix® Ländern inspirieren! Sie sind unkompliziert in der Zubereitung, unglaublich lecker und werden bestimmt zu Lieblingsgerichten Ihrer Familie. Sie werden sehen, dass Dampfgaren schon bald einen festen Platz in Ihrer Alltagsküche hat.

Wir wünschen Ihnen einen guten Appetit mit unseren genussvollen Rezepten auf allen Ebenen und viel Freude an unseren Rezepten.

Mit den besten Grüßen,

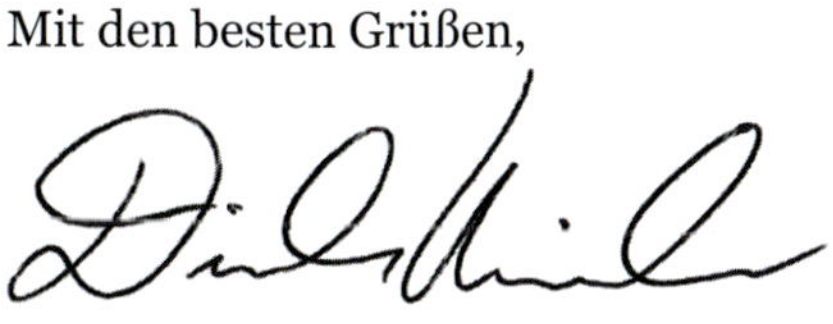

Dirk Reznik
CEO Vorwerk Thermomix®

Inhalt

So kommt der ganze Thermomix® zum Einsatz

Wussten Sie schon, dass das Kochen auf allen Ebenen mit Ihrem Thermomix® Ihnen das Kochen erleichtern kann und manchen Mahlzeiten noch den richtigen Pfiff gibt?

Entdecken Sie, wie Sie mit den verschiedenen Garebenen des Thermomix® je nach Bedarf große oder kleine Mengen verwenden und so mehrere Gerichte gleichzeitig zubereiten können. Lassen Sie sich von unseren Rezepten inspirieren und erweitern Sie Ihr Kochrepertoire. So überraschen Sie Ihre Familie und Freunde mit genussvollen Mahlzeiten auf allen Ebenen.

VORWERK

DAMPFGAREN VEREINFACHT IHRE ALLTAGSKÜCHE

- **Sparen Sie Zeit mit der gleichzeitigen Zubereitung verschiedener Gerichte!** Immer wenn Sie etwas kochen, das Dampf erzeugt – seien es Suppen, Saucen oder Eintöpfe – können Sie Zutaten in den Varoma geben, die gekocht oder gleichzeitig aufgewärmt werden. Achten Sie lediglich darauf, dass die Garzeiten sowohl für die Suppe im Mixtopf als auch für das dampfgegarte Gericht im Varoma passen.

- **Dampfgaren mit dem Thermomix® ist stressfrei und zeitsparend:** Während der Thermomix® kocht, können Sie sich um andere Dinge kümmern. Ist die Mahlzeit fertig, ertönt das Thermomix® Signal.

- **Dampfgaren – herrlich pflegeleicht:** Um Fettspritzer oder angebrannte Töpfe und Pfannen müssen Sie sich nicht mehr kümmern.

- **Mit der Guided-Cooking-Funktion brauchen Sie beispielsweise ein Gespräch nicht zu unterbrechen,** denn der Thermomix® führt Sie Schritt für Schritt durch das Rezept. So gelingen nicht nur einfache, sondern auch anspruchsvollste Gerichte mühelos.

- **Alles gut einpacken und ab in den Dampf damit!** Päckchen machen alles leichter. Legen Sie Fisch, Fleisch oder Obst auf ein Stück Backpapier, geben Sie Kräuter und Gewürze dazu und schließen Sie das Päckchen. Natürliche Geschmacksstoffe werden intensiviert, aus dem Sud wird eine Sauce, und die Reinigung ist im Handumdrehen fertig.

- **Beachten Sie die in den Rezepten angegebenen Zubereitungszeiten.** Ist die Gesamtzeit lang, die reine Zubereitungszeit jedoch relativ kurz, so benötigt es nur ein wenig Planung: Marinieren Sie z. B. das Huhn bereits am Vorabend, oder weichen Sie Klebreis ein, bevor Sie zur Arbeit gehen – und alles steht in weniger als einer Stunde auf dem Tisch, wenn die anderen Familienmitglieder aus der Schule oder von der Arbeit nach Hause kommen.

- **Ein auf den ersten Blick eher exotisch anmutendes Rezept** kann schon bald einen festen Platz in Ihrem Kochrepertoire einnehmen, wenn Sie ihm nur eine Chance geben. Schließlich liebt man auch in anderen Ländern schnelle und schmackhafte Gerichte!

- Weitere Rezept-Inspirationen erhalten Sie auch im **Thermomix® Rezept-Portal!** Dort können Sie Ihre gewünschten Mahlzeiten vom PC, Tablet oder Smartphone aus organisieren, eine Einkaufsliste erstellen, die nötigen Zutaten einkaufen und gleich mit dem Kochen loslegen! www.cookidoo.de

---

ALLTAGSKÜCHE, EINIGE VORSCHLÄGE

- Hähnchen mit warmem Kartoffelsalat, S. 110
- Miesmuscheln in Weißwein mit Sahnesauce, S. 156
- Spinat-Kartoffel-Suppe mit Eierstich, S. 84
- Schweinefilet mit Rotweinsauce und Gemüse, S. 132
- Kürbissuppe, Fisch mit Reis und Gemüse, Apfel-Birnen-Crumble, S. 46

NUTZEN SIE DAS GAREN MIT DAMPF, UM VERSCHIEDENE GERICHTE GLEICHZEITIG ZUZUBEREITEN

Einer der größten Vorteile, den der Thermomix® beim Kochen bietet, liegt in der Zubereitung verschiedener Gerichte gleichzeitig.

Nutzen Sie die verschiedenen Ebenen Ihres Thermomix® und zaubern Sie eine komplette Mahlzeit, zum Beispiel Fleisch mit Beilagen wie Gemüse und Kartoffeln, oder aber ein ganzes Menü mit Vorspeise, Hauptgericht und Dessert gleichzeitig.

Geben Sie Zutaten mit der kürzesten Garzeit zuoberst in den Varoma, wo sie leicht entnommen und beiseitegestellt werden können. Die Zutaten mit der längsten Garzeit geben Sie in den Gareinsatz.

Garflüssigkeit tropft aus dem Varoma oder dem Gareinsatz auf die darunterliegenden Zutaten, was beispielsweise bei Reis oder Suppen für mehr Geschmack sorgt. Wenn Sie möchten, können Sie die Gerichte auch getrennt zubereiten: Geben Sie sie in einen hitzebeständigen Teller oder eine Schüssel, legen Sie den Varoma-Einlegeboden mit Backpapier aus oder wickeln Sie die Zutaten darin ein. Lesen Sie hierzu auch unsere Tipps für nützliches Zubehör (Seite 28).

Dieses Kochbuch enthält einige Rezepte aus der Rubrik „Menüs und mehr“. All diese Rezepte eignen sich zur gleichzeitigen Zubereitung verschiedener Gerichte. Dabei bleibt es selbstverständlich Ihnen überlassen, ob Sie alles sofort servieren möchten, ob eine Portion für den nächsten Tag vorgesehen ist oder ob nur ein Teil des jeweiligen Rezepts zubereitet werden soll.

MENÜS UND MEHR, EINIGE VORSCHLÄGE:

- Tomaten-Brot-Suppe, Spinat-Omelett-Rolle, Ratatouille, S. 49
- Miso-Suppe, Meeresfrüchte mit Sake und Reis, S. 55
- Thai-Garnelen-Brühe, Gewürzäpfel, S. 52
- Gemüse-Nudel-Suppe, Schweinefleischrolle mit Gemüsebeilage, Pudding, Muffins, S. 58

DAMPFGAREN EIGNET SICH FÜR GROSSE UND KLEINE MENGEN

Zubereitung großer Mengen

Der Thermomix® ist der perfekte Küchenhelfer für große Familien oder die Bewirtung von Gästen.

Unter Einsatz aller Ebenen – Mixtopf, Gareinsatz, Varoma-Behälter und Varoma-Einlegeboden – eröffnen sich Ihnen alle Vorteile des Thermomix®. Der Mixtopf kann bis zum maximalen Fassungsvermögen von 2,2 Litern (das ist viel Sauce!) befüllt werden, mit dem Varoma lassen sich 8 Portionen Fisch, Fleisch, Eier, Huhn oder Gemüse zubereiten (genug für die große Runde!).

Probieren Sie einfach aus, ob Sie einige der für 4 Portionen ausgelegten Rezepte verdoppeln können. Das ist kein Problem, solange Sie das maximale Fassungsvermögen des Thermomix® nicht überschreiten.

Verlängern Sie die Garzeit, wenn sich im Mixtopf größere Mengen befinden oder der Varoma besonders voll ist. Beachten Sie, dass für die Dampfzirkulation stets einige Dampfschlitze frei bleiben. Wenn Sie für eine größere Runde kochen, denken Sie daran, dass der Thermomix® Ihnen auch beim Zerkleinern, Mischen, Kneten und Garen einzelner Zutaten des Gerichts als hilfreicher Küchenpartner zur Seite steht.

Zubereitung kleiner Mengen

Kochen mit dem Thermomix® für eine oder zwei Personen ist ganz einfach, der Abwasch danach minimal. Einige Beispiele:

- Garen Sie für eine Einzelportion 40 g Reis oder 50 g Quinoa im Gareinsatz.
- Garen Sie eine Portion Pudding im Schälchen im Gareinsatz oder im Varoma.
- Erwärmen Sie Reste für eine Portion auf einem flachen, hitzebeständigen Teller, den Sie in den Varoma geben.

Größere Mengen können in Einzelportionen eingefroren werden – für die Pause im Büro oder wenn's mal schnell gehen soll. In vielen Fällen können die Mengen des Rezepts aber auch reduziert werden. Dabei ist jedoch in jedem Fall darauf zu achten, dass sich im Mixtopf genügend wasserbasierte Flüssigkeit für das Dampfgaren befindet (250 g pro 15 Minuten).

8 UND MEHR PORTIONEN, EINIGE VORSCHLÄGE

- Hähnchen-Mais-Suppe, Brokkoli Torrino, S. 44
- Gemüse-Kartoffel-Salat mit Hähnchen, S. 66
- Gemüsesuppe, Eier mit Spinat im Töpfchen, S. 42
- Linsencurry mit Kürbis, S. 176
- Russischer Rote-Bete-Salat, S. 72

2–3 PORTIONEN, EINIGE VORSCHLÄGE

- Fisch nach indischer Art mit Joghurtsauce, Kartoffeln und Gemüse, S. 150
- Entenbrust mit Orangen-Ingwer-Sauce, Kartoffelpüree und grünen Bohnen, S. 126
- Auberginen-Ricotta-Lasagne aus dem Dampf, S. 103

KOCHEN MIT DAMPF: GESUND UND AROMATISCH

Dampfgaren wird oft mit gesunder Ernährung in Verbindung gebracht. In der Tat bewahrt diese schonende Garmethode viele wertvolle Nährstoffe und ermöglicht zudem eine vergleichsweise fettarme Zubereitung.

Beim Kochen im Varoma werden nicht nur die essenziellen Nährstoffe der Zutaten bewahrt, auch Form, Farbe und Aroma bleiben ohne Zusatz von Fett oder Öl ansprechend und appetitlich erhalten.

Dampfgaren ist nicht nur eine exzellente Art der Zubereitung von Fisch und Gemüse; auch Getreide, Fleisch und Obst können so zu schmackhaften Gerichten verarbeitet werden.

Beim Dampfgaren über einer Suppe oder Sauce verleiht die aus den Lebensmitteln im Varoma abtropfende Garflüssigkeit dem Kochgut im Mixtopf ein Extra an Geschmack und Nährstoffen. Nichts geht verloren.

Mit dem Thermomix® geht eine bewusste Ernährung nicht zu Lasten des Geschmacks. Der Kreativität sind bei der Zubereitung schmackhafter Mahlzeiten und natürlich auch kleiner Leckereien keine Grenzen gesetzt.

GESUNDE KÜCHE, EINIGE VORSCHLÄGE:

- Linsencurry mit Kürbis, S. 176
- Schwarzaugen-Bohnen-Ragout mit kleinen Tintenfischen, S. 158
- Geflügel-Dinkel-Salat, S. 64
- Wirsing-Rouladen mit Hirsefüllung und Pilzsauce, S. 168
- Gemüse-Lachs-Salat mit Feta und Quinoa, S. 70

DIE VAROMA-KÜCHE LÄSST SIE KREATIV WERDEN!

Unsere Rezeptauswahl nimmt Sie mit auf eine kulinarische Weltreise – mit regionalen Spezialitäten von chinesischen Dim Sum über polnische Wirsing-Rouladen bis hin zu englischem Sticky-Toffee-Pudding.

Der Thermomix® macht es Ihnen leicht, verschiedene Landesküchen zu entdecken ... was heute exotisch anmutet, kann schon morgen das Lieblingsessen Ihrer Familie sein.

Die Dampfgarmethode eröffnet neben Gemüse, Fisch und fernöstlichen Dim Sum noch viele überraschende und köstliche Möglichkeiten. Wussten Sie schon, dass Ihr Thermomix® vom ersten bis zum letzten Arbeitsschritt auch ganze Brote und leckere Kuchen zubereiten kann? Kennen Sie schon die unvergleichliche Textur dampfgegarter Lasagne? Haben Sie probiert, wie saftig eine dampfgegarte Putenkeule schmecken kann?

Sie haben nicht alle Zutaten parat, die im Rezept angegeben sind? Schauen Sie in den Tipps und Varianten nach Alternativen, die von unseren Teams entwickelt wurden, oder werden Sie kreativ und probieren Sie Gerichte mit den Zutaten aus, die Ihr Vorratsschrank hergibt.

Unsere Rezepte sollen Vorschläge für Sie sein – Sie können aber durchaus Ihre persönlichen Lieblingsrezepte kreieren! Fällt das Ergebnis nicht so aus wie gewünscht, können Sie entweder wieder auf unsere gelingsicheren Versionen zurückgreifen oder das Rezept so lange abwandeln, bis alles stimmt. Sie sind der Chefkoch!

INSPIRATION GARANTIERT

- Erfinden Sie eigene Rezpete für Lieblingskuchen und lassen Sie sich dabei von den Varianten für Zitronenkuchen aus dem Varoma inspirieren, S. 236
- Die spielerische Zubereitung von Dim Sum gelingt Kindern und Erwachsenen: Shumai, S. 196, Täschchen mit Kohl und Schweinefleisch, S. 192
- Tomaten oder verschiedene Gemüsesorten können auf vielerlei Art gefüllt werden, siehe Tomaten mit Pilz-Nuss-Füllung, S. 179

Dampfgaren auf hohem Niveau – mit Ihrem Thermomix®

Nutzen Sie wirklich alle Möglichkeiten, die Ihnen Ihr Thermomix® bietet? Profitieren Sie täglich vom ganzen Können Ihres smarten Küchenhelfers? Entdecken Sie, wie eine alte Garmethode im Zusammenspiel mit einem modernen Multitalent Ihr Leben vereinfachen und kulinarisch bereichern kann.

DAMPFGAREN VERLEIHT DER MAGIE DES THERMOMIX® EINE WEITERE DIMENSION.

Als Vorwerk einem Mixer Wärme zufügte, eröffnete sich eine ganze Welt neuer kulinarischer Möglichkeiten. Erfahrene Nutzer des Thermomix® wissen, wie die Kombination aus drei einfachen Einstellungen – Zeit, Temperatur und Geschwindigkeit – unbegrenzte Möglichkeiten für die kreative Küche bietet, vom gekochten Ei bis zum anspruchsvollen mehrgängigen Menü.

Aber kennen Sie wirklich alle Optionen, die der Thermomix® Ihnen bietet? Hat das Dampfgaren einen festen Platz in Ihrer Alltagsküche? Entdecken Sie, wie die modernen Möglichkeiten Ihres Thermomix® durch eine seit Jahrhunderten angewendete Garmethode ganz neue Dimensionen gewinnen.

VORWERK

Das Dampfgar-Prinzip Ihres Thermomix®

Dampfgaren ist eine einfache und zugleich wirkungsvolle Methode zur Zubereitung von Lebensmitteln. Eine kleine Einführung verhilft Ihnen zu optimalen Kochergebnissen.

SO FUNKTIONIERT DAMPFGAREN

Das Grundprinzip für alle Methoden des Dampfgarens liegt im Erhitzen von Wasser oder wasserhaltiger Flüssigkeit (z. B. Brühe), um Dampf zu erzeugen. Die Lebensmittel werden dadurch erhitzt und mit dem Dampf gegart, ohne in direkten Kontakt mit dem kochenden Wasser zu geraten.

Die Vorteile dieser Methode liegen auf der Hand: Ohne Umrühren bleiben auch empfindliche Lebensmittel intakt. Nährstoffe bleiben ohne den direkten Kontakt mit Wasser erhalten, die ansonsten ins Kochwasser geraten würden. Die feuchte, schonende Wärme des Dampfs verhindert ein Austrocknen der Zutaten und macht sie zart und saftig.

DAMPFGAREN MIT DEM THERMOMIX®

Wird Wasser oder eine andere dampferzeugende Zubereitung (z. B. Suppe oder Sauce) in den Mixtopf gegeben und die Temperatur auf Varoma eingestellt, steigt Dampf durch alle vorhandenen Öffnungen (Dampfschlitze) des Thermomix®. Die Zutaten werden auf diese Weise erhitzt und fertiggegart.

Wird der Gareinsatz in die Garflüssigkeit getaucht, so werden die in der Flüssigkeit liegenden Zutaten nicht gedünstet, sondern gekocht – optimal zur Zubereitung von Reis oder Fisch ohne Umrühren.

⚠

EIN WORT ZUR SICHERHEIT

Bitte lesen Sie die „Hinweise für Ihre Sicherheit" in der Gebrauchsanleitung Ihres Thermomix®.

6 Der Varoma-Deckel schließt den Dampf ein, mit dem die Zutaten im Varoma umgeben sind.

5 … bis schließlich in den Varoma-Einlegeboden, wo alle Zutaten erhitzt und bis zur Fertigstellung schonend gegart werden.

4 … weiter durch die Öffnungen im Varoma-Behälter …

3 … und die Öffnung im Mixtopfdeckel …

2 … steigt Dampf auf, wandert durch die Dampfschlitze des Gareinsatzes …

1 Wird wasserbasierte Flüssigkeit auf der Varoma-Heizstufe erhitzt …

Los geht's!

1.

Geben Sie genügend Wasser oder wasserbasierte Flüssigkeit in den Mixtopf. Mindestens 500 g Wasser für 30 Minuten Dampfgaren + 250 g Wasser pro weitere 15 Minuten.

2.

Geben Sie die Zutaten in den Gareinsatz und/oder in den Varoma-Behälter und Einlegeboden und **achten Sie darauf, dass einige Dampfschlitze frei bleiben. Varoma verschließen.**

3.

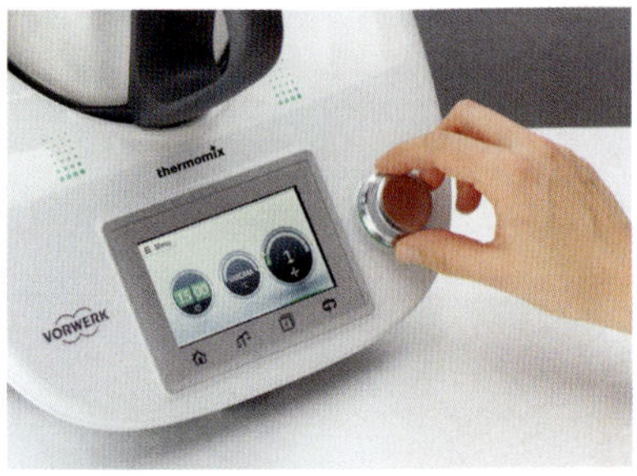

Wählen Sie die Zeit für die jeweiligen Zutaten, stellen Sie **die Temperatur auf „Varoma"** und die **gewünschte Geschwindigkeit** ein, in der Regel die **Stufe** oder **1.**

Verwendung des Gareinsatzes

Gareinsatz einsetzen und die Zutaten mit der längsten Garzeit zufügen oder einwiegen.

Mixtopfdeckel schließen. Varoma auf den Mixtopfdeckel setzen oder – falls der Varoma nicht verwendet wird – Messbecher einsetzen, der den Dampf einschließt.

Zum Herausnehmen des Gareinsatzes den Haken des Spatels in die Einkerbung einsetzen.

So nutzen Sie Ihren Varoma richtig

Mixtopfdeckel ohne Einsetzen eines Messbechers schließen, **Varoma-Behälter aufsetzen** und locker mit den Zutaten befüllen. Hierbei darauf achten, dass einige Dampfschlitze für den Dampf frei bleiben.

Varoma-Einlegeboden (optional) in den Varoma-Behälter einsetzen, Zutaten hinzufügen oder einwiegen und mit Varoma-Deckel schließen.

Ein korrekt geschlossener Varoma-Deckel liegt lose auf dem Varoma-Behälter und schließt den Dampf um die Zutaten ein. Aus den Dampfschlitzen entweichen kleine Mengen Dampf, daher den Varoma-Deckel beim Prüfen des Garguts vorsichtig öffnen.

Tipps und Tricks unserer Rezeptexperten

Dank der langjährigen Entwicklung und Erprobung von Rezepten, des internationalen Austauschs von Ideen und der gemeinsamen Zubereitung von Mahlzeiten können die Thermomix® Rezeptentwickler auf einen großen Erfahrungsschatz mit dem Varoma zurückgreifen. Hier geben sie Ihnen ihre besten Tipps, wie Sie Garen mit Dampf effektiv nutzen können.

WUSSTEN SIE SCHON?

- **Marinaden und Paprikapulver** verleihen Fleischgerichten Farbe und Geschmack; Samen, Zimt oder Trockenfrüchte erfüllen diese Funktion bei Brot und Kuchen.

- **Geflügel oder Fleisch wird saftig gebräunt**, wenn Sie es nach dem Dampfgaren kurz in einer Pfanne anbraten. Legen Sie den Varoma-Einlegeboden mit Backpapier aus und fangen Sie den Sud für eine schmackhafte Pfannensauce auf.

- Für saftiges **Grillhähnchen** Geflügelstücke im Varoma dampfgaren und danach auf dem Grill fertig rösten.

- Im Varoma dampfgegarte **Kuchen** werden wunderbar saftig.

- Damit Kuchen oder Brote knuspriger werden und sich besser aus der Backform lösen lassen, die gefetteten Formen mit **Grieß** oder **Mehl** bestäuben.

- Schaffen Sie sich einen kleinen Vorrat **tiefgekühlter Zutaten** wie Spinat, Beeren oder Garnelen an. Sie eignen sich hervorragend zum Dampfgaren.

- **Erwärmen Sie Reste** im Varoma. Die feuchte Hitze trocknet das Gericht nicht aus.

WUSSTEN SIE SCHON?

- Zum **Reduzieren und Andicken** sämiger Saucen **Varoma/Stufe 2–4** einstellen und statt des Messbechers den Gareinsatz als Spritzschutz auf den Mixtopf setzen.

- Damit **nichts anbrennt und alles gleichmäßig gegart wird**, Suppen oder Saucen erst nach dem Dampfgaren mit Speisestärke binden oder Zucker anreichern.

- **Mit dem Thermomix® gelingt Ihnen der perfekte Hefeteig:** 500 g Wasser in den Mixtopf geben, Teig in einen für den Varoma passenden Behälter geben, Behälter in den Varoma stellen, geschlossenen Varoma aufsetzen und **30 Min./60°C/Stufe 1** erwärmen. Teig im Varoma gehen lassen, bis er sich verdoppelt hat.

- **Gläser und Deckel können Sie zum Einkochen oder Konservieren von Lebensmitteln vorbereiten**, indem Sie diese umgedreht in den Varoma stellen und **20 Min./Varoma/Stufe 1** im Dampf reinigen.

SO GELINGT'S!

- **Legen oder wiegen Sie die Zutaten mittig in den Varoma-Behälter ein.** Achten Sie auf genügend Platz rund um die Zutaten – so sorgen Sie für kürzere Garzeiten.

- **Die Garzeiten variieren** je nach Menge, Qualität, Dichte und Größe der Zutaten. Schneiden Sie die Zutaten in gleichgroße Stücke, so erreichen Sie ein gleichmäßigeres Garergebnis.

- **Ist der Varoma sehr voll**, einige Minuten Dampfgarzeit zugeben und für einen gleichmäßigeren Garvorgang die Zutaten einmal mit dem Spatel wenden.

- Gargut prüfen: **Varoma-Deckel vorsichtig öffnen und dabei so halten**, dass Ihr Gesicht nicht in Kontakt mit dem Wasserdampf kommt.

- Falls Sie den Varoma-Deckel **mehrmals öffnen**, um zu prüfen, ob die Lebensmittel gar sind, verlängern Sie die Dampfgarzeit um einige Minuten, um den Dampfverlust auszugleichen.

- Dampf transportiert zwar aromatische Geschmacksstoffe, nicht jedoch Salz. Daher vor oder nach dem Dampfgaren bei Bedarf **das Gargut salzen**.

KENNEN SIE DAS ZUBEHÖR IHRES THERMOMIX®?

- Zum Warmhalten der Lebensmittel im Varoma **den Varoma zugedeckt auf einen Teller** oder auf den leeren, aber noch warmen Mixtopf stellen. **Den Varoma nicht in den heißen Backofen stellen!**

- Eine Mahlzeit lässt sich auch warm halten, **wenn man sie in eine hitzebeständige Schüssel gibt**, diese abdeckt und in den auf 50 °C vorgeheizten Backofen stellt.

- **Varoma-Deckel als Boden** unter dem Varoma-Behälter oder Einlegeboden zum Auffangen abtropfender Flüssigkeit verwenden.

- **Varoma-Behälter und Einlegeboden einfetten**, um ein Anhaften zu verhindern (z. B. bei Teig, Fisch und Fleisch).

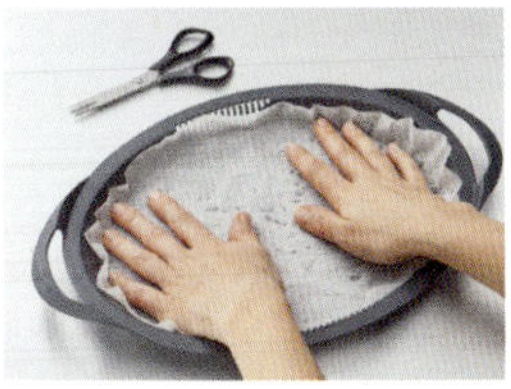

- Zum Auffangen von Garflüssigkeiten **den Varoma-Einlegeboden mit Backpapier auslegen**. Dabei die seitlichen Dampfschlitze für den Dampf frei lassen.

- Zum Anpassen der Größe **eine Bleistiftlinie** um den Varoma-Einlegeboden ziehen und das Backpapier entlang dieser Linie zuschneiden.

- **Durch Anfeuchten des Backpapiers** haftet es besser am Varoma-Einlegeboden.

Nützliches Zubehör

Durch die Zubereitung mit Dampf lassen sich auch Ihre Lieblingsrezepte kreativ abwandeln. Bereiten Sie Pudding in Ihren Lieblingsförmchen unter Dampf zu, garen Sie Fisch in einer hübschen Schüssel und servieren Sie diese direkt aus dem Varoma, machen Sie Desserts in ansprechenden Kaffeetassen. Einfach und schön anzusehen!

BITTE BEACHTEN!

1. **Wählen Sie hitzebeständige Materialien** wie Keramik, Metall oder Silikon. Verwenden Sie Glas oder Kunststoff nur dann, wenn Sie wissen, dass es hitzebeständig ist. Einen entsprechenden Hinweis finden Sie in der Regel auf der Verpackung.

2. **Wählen Sie einen Teller in passender Größe** und achten Sie darauf, dass der Varoma-Deckel vollständig schließt. Prüfen Sie dies mit dem leeren Teller vor dem Garvorgang.

3. **Achten Sie darauf, dass einige Dampfschlitze frei bleiben.** Sind alle blockiert, gelingt kein gleichmäßiger Garvorgang. Im schlimmsten Fall kommt es zu Verletzungen oder Schäden an Ihrem Thermomix®.

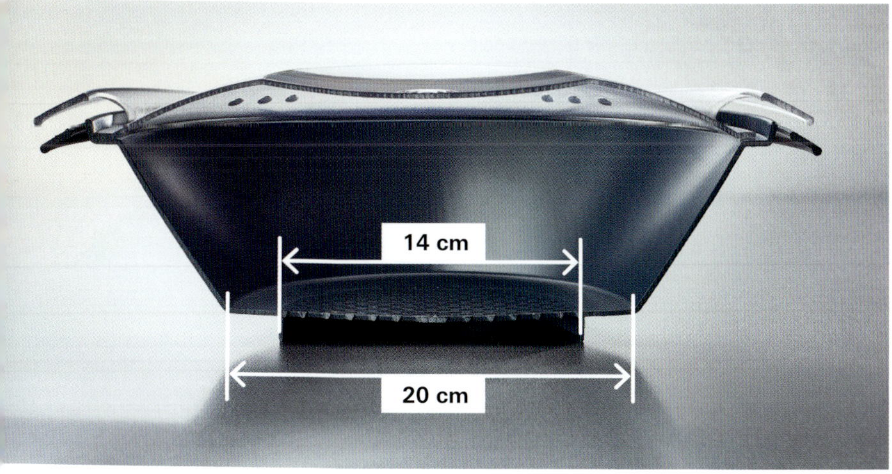

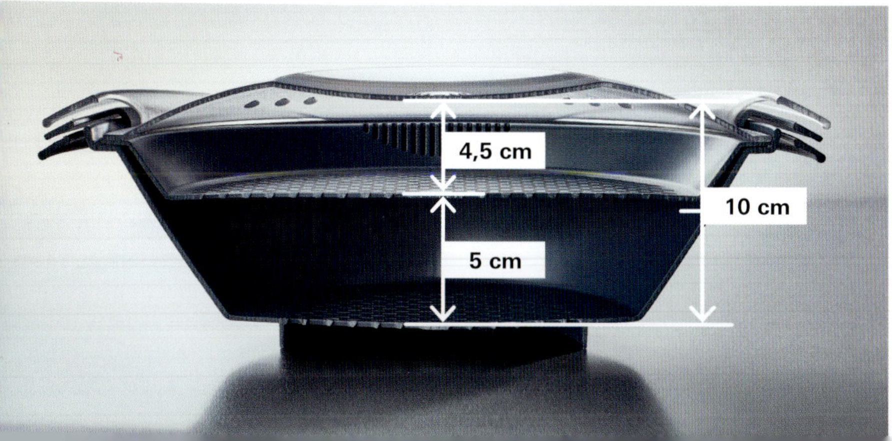

- **Der Boden runder Backformen oder Teller** sollte einen Durchmesser von weniger als 14 cm haben oder größer als 20 cm sein. Schüsseln zwischen 14 und 20 cm blockieren sämtliche Dampfschlitze im Varoma-Behälter.

- **Schüsseln bis zu einer Größe von 10 cm** können im Varoma-Behälter verwendet werden. Achten Sie aber darauf, dass diese im seitlich abgeschrägten Bereich unterhalb des Varoma-Deckels nicht zu breit sind.

- **Förmchen bis zu einer Höhe von 4,5 cm** können gleichzeitig im Varoma-Behälter und im Varoma-Einlegeboden verwendet werden.

1 **Backformen** zum Dampfgaren von Kuchen oder Broten.

2 **Behälter und Teller** zum Auffangen von Garflüssigkeiten aus dampfgegarten Zutaten.

3 **Förmchen für Soufflés, Pudding, Kleingebäck, Aufläufe.** Auch hitzebeständige Tassen, Dariolformen, Einmachgläser oder Silikonformen sind verwendbar.

4 **Backpapier, hitzebeständige Folie oder Alufolie** zum Abdecken oder Einwickeln. Zum Auslegen des Varoma-Einlegebodens verwenden Sie bitte ausschließlich Backpapier.

5 **Spieße** aus Holz oder Metall.

6 **Gitter oder halbierte Essstäbchen** auf dem Boden des Varoma-Behälters sorgen für Abstand.

7 **Hitzebeständige Trichter oder Spritzbeuteltüllen,** damit der Dampf auch durch dichte Lebensmittelschichten steigen kann.

8 **Zahnstocher** zum Schließen von Rouladen oder gefülltem Gemüse.

Nach dem Dampfgaren diese Gegenstände vorsichtig herausnehmen oder entfernen. Sie können sehr heiß sein! Ausführliche Hinweise zu weiterem nützlichen Zubehör für jeden Tag finden Sie in *Das Kochbuch*.

Zutaten lose mit einem hitzebeständigen Teller oder Backpapier abdecken, damit kein Kondenswasser in die Lebensmittel abtropft.

Mit einem hitzebeständigen Trichter oder Spritzbeuteltüllen kann der Dampf auch durch dichte Lebensmittelschichten nach oben steigen.

Verwenden Sie **Einweg-Aluminium-Backformen**. Sind sie zu groß, falten Sie sie auf die gewünschten Abmessungen. Sind sie zu hoch, schneiden Sie den oberen Rand ab.

Damit **die Dampfschlitze im Varoma-Behälter frei bleiben**, legen Sie den Rühraufsatz (Schmetterling) flach in den Varoma-Behälter und legen die Zutaten (z. B. gefüllte Päckchen aus Backpapier) dann darauf. So sind die Zutaten etwas erhöht und die Dampfschlitze bleiben frei.

Kuchenformen oder Bleche können durch untergelegte Gitter (im Internet oder in Asia-Shops erhältlich), Essstäbchen (eventuell halbiert) oder Keksausstecher erhöht in den Varoma-Behälter hineingestellt werden.

Zutaten und Symbole

ZUTATEN

- Verwenden Sie stets **qualitativ hochwertige**, vorzugsweise frische **Zutaten**. Es sei denn, im Rezept ist etwas anderes angegeben.

- **Tiefgekühlte** Zutaten (z. B. Garnelen, Erbsen, Beeren) können die Zubereitungszeit in manchen Rezepten wunderbar abkürzen. Sie können häufig in gefrorenem Zustand dampfgegart werden. Achten Sie auf die Hinweise im Rezept.

- Für **gleichmäßige Garergebnisse** schneiden Sie die Zutaten in gleich große Stücke von höchstens 4 x 4 cm. So können Sie diese in den Mixtopf geben.

- Hinweise zu Lebensmitteln, die vielleicht nicht jeder Supermarkt führt, finden Sie unter **Tipps und Varianten**.

- **Selbst gemachte oder gekaufte Zutaten?** Manche in den Rezepten verwendete Zutaten können Sie sehr einfach im Thermomix® selbst herstellen, zum Beispiel geriebenen Käse, Puderzucker, Tomatensauce oder Mayonnaise. Wir haben diese leicht herzustellenden Zutaten mit folgendem Symbol versehen: . Rezepte hierfür finden Sie in *Das Kochbuch*.

- **Für ein gutes Gelingen der Rezepte und im Sinne Ihrer Sicherheit** beachten Sie bitte die Mengenangaben. Das maximale Fassungsvermögen des Mixtopfs von 2,2 Litern sowie des Varomas von 3,3 Litern darf niemals überschritten werden.

- Das in Rezepten angegebene **Gewicht** bezieht sich auf das gebrauchsfertige Produkt. Beispiel: Porree vor dem Wiegen putzen, Kartoffeln schälen.

- **Maßeinheiten bei Mengenangaben:** Esslöffel (EL) oder Teelöffel (TL) dienen als Maßeinheit für sparsam zu verwendende Zutaten wie z. B. Salz oder Sesamöl. Ein Standard-EL entspricht 15 g (= 15 ml Wasser), ein TL entspricht 5 g (= 5 ml Wasser). Achten Sie bei der Verwendung von Messlöffeln darauf, dass dieser gestrichen gefüllt wird.

- **Ohne weitere Angaben gilt Folgendes:**
  - **Eier** sind nach europäischem Standard mittelgroß (53-63 g, USA und Kanada: groß) und gekühlt.
  - **Butter** ist ungesalzen und gekühlt.
  - **Milch:** Wir verwenden Vollmilch oder fettarme Milch, entrahmte Milch eignet sich nicht.
  - **Sahne** bedeutet Schlagsahne oder Sahne mit hohem Fettgehalt (min. 30 % Fett).
  - **Mehl** ist Weizenmehl der Type 405 (ca. 10-11 % Eiweiß). Für Hefeteig am besten Weizenmehl Type 550 nehmen. Sollten Sie hier bei Ihrem Einkauf nicht fündig werden, können Sie auch Weizenmehl der Type 405 verwenden.
  - **Zucker** ist weißer Haushaltszucker, kann aber häufig auch durch rohen unraffinierten Zucker ersetzt werden.

IN DEN REZEPTEN VERWENDETE SYMBOLE

Zubereitungszeit
Dies entspricht der Arbeitszeit, die Sie für die Zubereitung des Gerichts benötigen.

Gesamtzeit
Dies ist die Zeit, die insgesamt benötigt wird, bis das Gericht serviert werden kann. Sie umfasst auch Backzeiten, Abkühlzeiten, Marinierzeiten etc.

Schwierigkeitsgrad
Die meisten Rezepte sind einfach nachzukochen. Einige sind anspruchsvoller und werden als mittel oder aufwendig eingestuft, d. h. sie erfordern bei Kochanfängern mehr Zeit.

Portionen
Hier wird angegeben, für wie viele Personen das Rezept ausgelegt ist.

Nährwerte
Die Nährwertangaben basieren auf Durchschnittswerten. Die tatsächlichen Nährwerte können je nach den verwendeten Zutaten hiervon abweichen.

Kurzübersicht – Garzeittabelle

Die angegebenen Garzeiten sind Richtwerte und lassen sich je nach Geschmack individuell anpassen. Bei Garzeiten von mehr als 30 Minuten sind pro weiteren 15 Minuten 250 g Wasser hinzuzufügen.

500 g Wasser oder Brühe in den Mixtopf geben und Garvorgang starten **(angegebene Garzeit/Varoma/Stufe 1)**.

LEBENSMITTEL	MENGE	GARZEIT	TIPPS/VARIANTEN
GEMÜSE			
Möhren	800 g, in Scheiben (0,5 cm)	**30 Min.**	
Möhren	800 g, ganz, sehr dünn	**25-30 Min.**	
Brokkoliröschen	800 g	**15 Min.**	
Blumenkohlröschen	800 g	**20-25 Min.**	
Weißkohl	800 g, in Streifen	**23-25 Min.**	
Spargel	800 g	**23-35 Min.**	Garzeit je nach Dicke der Stangen
Paprikaschoten	500 g, in Streifen (1 cm)	**15 Min.**	
Champignons	500 g	**15 Min.**	
Erbsen, tiefgekühlt	500 g	**16-18 Min.**	
Kartoffeln, neu, klein	500 g	**30 Min.**	
Kartoffeln	800 g, in mittelgroßen Stücken	**25-30 Min.**	
Porree	800 g, in Ringen	**25 Min.**	
Grüne Bohnen	800 g, ganz	**25-30 Min.**	
Fenchel	800 g, geviertelt	**30 Min.**	
Fenchel	800 g, in Scheiben	**18-20 Min.**	
Spinat, frisch	500 g	**10-12 Min.**	höchstens 500 g
Zucchini	800 g, in Scheiben (1 cm)	**25 Min.**	

LEBENSMITTEL	MENGE	GARZEIT	TIPPS/VARIANTEN
OBST			
Äpfel	500 g, geviertelt	**12-15 Min.**	
Birnen	800 g, geviertelt	**12-15 Min.**	
Birnen	800 g, halbiert	**20 Min.**	
Aprikosen	500 g, halbiert	**10-15 Min.**	
Pfirsiche	500 g, halbiert	**10-15 Min.**	
Pflaumen	500 g, halbiert	**12 Min.**	
FISCH UND MEERESFRÜCHTE			
Fischfilet	800 g	**20 Min.**	z. B. Lachs
Muscheln	500 g	**15 Min.**	
Garnelen, roh, mit Schale	800 g	**10-15 Min.**	Bei TK-Garnelen verlängert sich die Garzeit um 2 Minuten.
Forelle, ganz, ausgenommen	2 Stück	**15 Min.**	
FLEISCH			
Fleischbällchen	500 g	**25 Min.**	Aprikosengröße
Huhnerbrust	600 g	**20-25 Min.**	
Putenschnitzel	600 g	**20-25 Min.**	
Frankfurter Würstchen	5 Stück	**10-15 Min.**	je nach Dicke

Brokkoli

Birnen

Fischfilet

MENÜS UND MEHR

FELDSALAT-CREMESUPPE, BROKKOLI MIT OLIVENSAUCE

Feldsalat wird klassischerweise als Salat zubereitet, aber gerade in einer Suppe entfaltet er sein samtiges, leicht nussiges Aroma. Die Sauce aus schwarzen Oliven ist vergleichbar mit der französischen Tapenade. Mit ihr garniert wird aus dem Brokkoli eine tolle Beilage, die auch Ihrem Lieblingshauptgericht mehr Ausdruck verleiht.

ZUTATEN

Olivensauce

200 g Oliven, schwarz, entkernt
40 g Petersilie, nur Blätter
2 Knoblauchzehen
40 g Kapern, abgetropft
10 g Zitronensaft
70 g natives Olivenöl
2 Prisen Salz

Feldsalat-Cremesuppe und dampfgegarter Brokkoli

80 g Zwiebeln, halbiert, oder 80 g Schalotten, halbiert
1 Knoblauchzehe
20 g Butter
600 g Brokkoli, in Röschen (5 cm)
2 Prisen Salz
½ TL Pfeffer
150 g Kartoffeln, in Stücken (3 cm)
1 TL Gewürzpaste für Gemüsebrühe, selbst gemacht, oder 1 Würfel Gemüsebrühe für 0,5 l Wasser
600 g Wasser
200 g Feldsalat
80 g Sahne
1 Prise Zucker
½ TL Zitronensaft
¼ TL Worcester-Sauce

ZUBEREITUNG

Olivensauce

1. Schwarze Oliven, Petersilie, Knoblauch, Kapern, Zitronensaft, Olivenöl und Salz in den Mixtopf geben, **10 Sek./Stufe 6** zerkleinern und in eine Schüssel umfüllen. Mixtopf spülen.

Feldsalat-Cremesuppe und dampfgegarter Brokkoli

2. Zwiebeln und Knoblauch in den Mixtopf geben, **3 Sek./Stufe 5** zerkleinern und mit dem Spatel nach unten schieben.
3. Butter zugeben und **5 Min./120°C/Stufe 1** dünsten. In der Zwischenzeit Brokkoli in den Varoma-Behälter legen und mit Salz und ¼ TL Pfeffer würzen.
4. Kartoffeln in den Mixtopf zugeben und **3 Sek./Stufe 5** zerkleinern.
5. ¼ TL Pfeffer, Gewürzpaste für Gemüsebrühe und Wasser in den Mixtopf zugeben, Varoma aufsetzen und **20 Min./Varoma/Stufe 1** garen. Varoma zur Seite stellen.
6. Feldsalat, Sahne, Zucker, Zitronensaft und Worcester-Sauce in den Mixtopf zugeben, **2 Min./Stufe 5-10 schrittweise ansteigend** pürieren und abschmecken. Suppe als Vorspeise servieren und gegarten Brokkoli mit Olivensauce als Beilage zu einem passenden Hauptgericht reichen.

VARIANTEN

- Anstelle von Feldsalat können Kopfsalat, Radieschenblätter oder junger Spinat verwendet werden.
- Suppe mit knusprig gebratenem Schinkenspeck garnieren.
- Reichen Sie etwas Olivensauce zur Feldsalat-Cremesuppe, um diese zusätzlich zu aromatisieren.
- Geben Sie zusätzlich 20–30 g natives Olivenöl zur Olivensauce und nutzen Sie diese als Salatdressing oder Nudelsauce.

25 Min. | 45 Min. | einfach | 6 Portionen

Pro Portion: Eiweiß 6 g
Kohlenhydrate 11 g/Fett 23 g
Brennwert 1192 kJ/285 kcal

ERBSEN-INGWER-SUPPE, ZITRONENLACHS MIT BROKKOLI

Ein schnelles, farbenfrohes Menü: Wir starten mit der knallgrünen Erbsensuppe mit einem Hauch Ingwer, gefolgt vom Zitronenlachs mit gedämpftem Brokkoli. Hier bekommt man automatisch gute Laune!

ZUTATEN

80 g Olivenöl
50 g Sojasauce
½ TL brauner Zucker
1 Zitrone, unbehandelt, Schale dünn abgeschält und Saft ausgepresst
4 Lachsfilets, frisch, ohne Haut (à 150-180 g)
100 g Schalotten, halbiert
1 Knoblauchzehe
100 g Porree, nur weiße Teile, in Stücken
20-30 g frischer Ingwer, geschält (optional)
100 g Staudensellerie, in Stücken
350 g gefrorene, grüne Erbsen
450 g Wasser
2 TL Salz
400 g Brokkoliröschen
2 Prisen Pfeffer
50-100 g Kochsahne (ca. 15-20 % Fett), nach Geschmack

ZUBEREITUNG

1. 30 g Olivenöl, Sojasauce, braunen Zucker, dünne Schale einer halben Zitrone und 25 g Zitronensaft in den Mixtopf geben und **20 Sek./Stufe 5** zerkleinern. Lachsfilets in einen tiefen Teller legen, Marinade aus dem Mixtopf darübergießen und 10 Minuten in den Kühlschrank stellen. In dieser Zeit mit der Zubereitung des Rezepts fortfahren.
2. Schalotten, Knoblauch, Porree, Ingwer und 50 g Olivenöl in den Mixtopf geben, **4 Sek./Stufe 4** zerkleinern und dann **7 Min./120°C/Stufe 1** dünsten. In dieser Zeit den Varoma-Einlegeboden mit Backpapier auslegen.
3. Staudensellerie, grüne Erbsen, Wasser und 1 TL Salz in den Mixtopf zugeben, Varoma-Behälter aufsetzen, Brokkoliröschen hineinlegen und mit ½ TL Salz würzen. Vorbereiteten Varoma-Einlegeboden einsetzen, Lachsfilets darauflegen, mit ½ TL Salz und Pfeffer würzen und mit Marinade beträufeln. Varoma verschließen und **20 Min./Varoma/Stufe 1** garen. Den geschlossenen Varoma zum Warmbleiben auf einen Teller stellen.
4. Sahne in den Mixtopf zugeben, Messbecher einsetzen und **2 Min./Stufe 5-10 schrittweise ansteigend** pürieren. Suppe abschmecken und als Vorspeise servieren (siehe Tipp), dann die Lachsfilets mit dem Brokkoli als Hauptgericht reichen.

TIPPS

- Hat der Staudensellerie Blätter, dann legen Sie einige davon vor dem Garen auf die Lachsfilets, um diese zusätzlich zu würzen.
- Wünschen Sie den Lachs eher mild, dann verzichten Sie im 3. Schritt auf die Marinade.
- Wenn die Suppe serviert ist, setzen Sie den Mixtopf und den geschlossenen Varoma zurück in das Grundgerät. So bleibt das Hauptgericht warm, während die Suppe gegessen wird.

3. Schritt

25 Min. | 50 Min. | einfach | 4 Portionen

Pro Portion: Eiweiß 46 g
Kohlenhydrate 19 g/Fett 43 g
Brennwert 2782 kJ/664 kcal

GEMÜSESUPPE, EIER MIT SPINAT IM TÖPFCHEN

Gleichzeitig dampfgaren und kochen? Kein Problem! Zusammen mit dem Spinat garen die Eier sanft im Varoma, während die Suppe im Mixtopf immer leckerer wird. Streuen Sie etwas Käse über die Eier, bevor Sie sie im Varoma garen – das gibt dem Gericht zusätzlich Pepp.

ZUTATEN

400 g Möhren, in Stücken
300 g Porreestangen, in Stücken
200 g weiße Rüben, in Stücken
100 g Kartoffeln, in Stücken (2 cm)
800 g Wasser
2 TL Salz und etwas mehr nach Geschmack
2 Prisen Pfeffer und etwas mehr nach Geschmack
200 g Babyspinat, frisch, oder Blattspinat, frisch, grob gehackt
40 g Butter, in Stücken
100 g frische Tomaten, in Scheiben
8 Eier, gekühlt (siehe Tipp)
400 g Weißbrot, getoastet, in Streifen

NÜTZLICHES ZUBEHÖR

Backpapier
8 Souffléförmchen (ca. Ø 7 cm, 4 cm hoch)

ZUBEREITUNG

1. Möhren, Porree und weiße Rüben in den Mixtopf geben, **7 Sek./Stufe 5** zerkleinern und mit dem Spatel nach unten schieben.
2. Kartoffeln, Wasser, 1 TL Salz und 1 Prise Pfeffer zugeben. Varoma-Behälter mit Backpapier auslegen und aufsetzen. Babyspinat in den Varoma-Behälter geben, 20 g Butter und ½ TL Salz darüber verteilen, Varoma verschließen und **20 Min./Varoma/Stufe 1** dampfgaren.
3. Varoma abnehmen, gegarten Spinat ausdrücken und mithilfe einer Gabel auf 8 Souffléförmchen (ca. Ø 7 cm, 4 cm hoch) verteilen und Tomatenscheiben auf den Spinat legen. In jedes Souffléförmchen ein aufgeschlagenes Ei geben und nach Geschmack mit Salz und Pfeffer würzen. 3 Souffléförmchen in den Varoma-Behälter und 5 auf den Varoma-Einlegeboden stellen. Varoma wieder aufsetzen und **11 Min./Varoma/Stufe 1** garen. Varoma zur Seite stellen.
4. Die restlichen 20 g Butter in den Mixtopf zugeben, Messbecher einsetzen und **1 Min./Stufe 5-10 schrittweise ansteigend** pürieren. Suppe abschmecken und heiß als Vorspeise servieren, gefolgt vom Ei im Töpfchen mit Streifen von getoastetem Weißbrot zum Dippen. Salz und Pfeffer zum individuellen Nachwürzen am Tisch bereitstellen.

TIPPS

- Variieren Sie, indem Sie die Eier in hitzebeständigen Gläsern zubereiten und servieren.
- Die Garzeit der Eier im 3. Schritt kann an die Größe der Eier, ihre Ausgangstemperatur und Ihr bevorzugtes Kochergebnis angepasst werden. Wenn gekühlte Eier der Größe M nach Rezept zubereitet werden, ist das Eiweiß fest und das Eigelb flüssig. Eier, die Zimmertemperatur haben, brauchen nur **10 Min./Varoma/Stufe 1**. Erhöhen Sie die Garzeit um **1 Minuten und 30 Sekunden**, wenn Sie das Eigelb wachsweich wünschen.

30 Min. · 1 Std. · einfach · 8 Portionen

Pro Portion: Eiweiß 13 g
Kohlenhydrate 34 g/Fett 9 g
Brennwert 1169 kJ/279 kcal

2. Schritt

3. Schritt

HÄHNCHEN-MAIS-SUPPE, BROKKOLI-TERRINE

ZUTATEN

Brokkoli-Terrine
500 g Wasser
400 g Brokkoliröschen
Butter zum Einfetten
4 Eier
150 g Sahne
1-1½ TL Salz
¼ TL Pfeffer, nach Geschmack
1 Prise Muskat

Hähnchen-Mais-Suppe
2 Knoblauchzehen
140 g Zwiebeln, halbiert, oder Schalotten, halbiert
60 g Butter, in Stücken
280-320 g Maiskörner aus der Dose, abgetropft
350-400 g Hähnchenbrust, ohne Haut, in Stücken (3 cm)
900 g Wasser
2 TL Gewürzpaste für Hühnerbrühe, selbst gemacht, oder 2 Würfel Hühnerbrühe für je 0,5 l Wasser
1 grüne Chilischote, frisch (z. B. Jalapeño), entkernt, gehackt (optional)
200-300 g Sahne oder Saure Sahne
½ TL Salz
½ TL Kreuzkümmel (Cumin), gemahlen
½ TL Paprika edelsüß
2 EL Koriandergrün, gehackt

NÜTZLICHES ZUBEHÖR

8 Keramik-Auflaufförmchen (Ø max. 7 cm, 4,5 cm hoch)

Ein Menü für 8 Personen? Und dafür keine vierzig Minuten in der Küche stehen? Kein Problem mit Thermomix®! Als Vorspeise gibt es diese sahnige Hähnchen-Mais-Suppe, gefolgt von der Brokkoli-Terrine als leichter Hauptmahlzeit. Als Beilage können Sie dazu etwas Aufschnitt oder einen Salat servieren.

ZUBEREITUNG

Brokkoli-Terrine

1. Wasser in den Mixtopf geben. Varoma-Behälter aufsetzen, Brokkoliröschen hineingeben, verschließen und **10 Min./Varoma/Stufe 1** dampfgaren. In dieser Zeit 8 Keramik-Auflaufförmchen (Ø max. 7 cm, 4,5 cm hoch) mit Butter einfetten. Varoma zur Seite stellen und Mixtopf leeren.
2. Gegarten Brokkoli, Eier, Sahne, Salz, Pfeffer und Muskat in den Mixtopf geben und **1 Min./Stufe 5** zerkleinern. Die Mischung gleichmäßig auf die vorbereiteten Auflaufförmchen verteilen und die Förmchen auf Varoma-Behälter und Varoma-Einlegeboden aufteilen. Varoma mit den Soufflés zur Seite stellen und Mixtopf spülen.

Hähnchen-Mais-Suppe

3. Knoblauch und Zwiebeln in den Mixtopf geben, **3 Sek./Stufe 5** zerkleinern und mit dem Spatel nach unten schieben.
4. Butter zugeben und **5 Min./120°C/Stufe 1** dünsten.
5. Maiskörner zugeben, **5 Min./120°C/Stufe** dünsten und dann **6 Sek./Stufe 7** zerkleinern.
6. Hähnchenbrust zugeben und **3 Min./100°C/Stufe 1** garen.
7. Wasser und Gewürzpaste zugeben, Varoma mit den Brokkoli-Terrinen aufsetzen und **27 Min./Varoma/Stufe 1** garen. Den geschlossenen Varoma zum Warmhalten auf einen Teller stellen.
8. Grüne Chilischote, Sahne, Salz, Kreuzkümmel und Paprikapulver in den Mixtopf zugeben, erst **10 Sek./Stufe 4** vermischen, dann **5 Min./90°C/Stufe 1.5** garen.
9. Hähnchen-Mais-Suppe mit gehacktem Koriander bestreut als Vorspeise servieren, gefolgt von der Brokkoli-Terrine als Hauptgericht (siehe Tipp).

35 Min. | 1 Std. 25 Min. | einfach | 8 Portionen

Pro Portion: Eiweiß 19 g
Kohlenhydrate 10 g/Fett 27 g
Brennwert 1537 kJ/367 kcal

2. Schritt

TIPPS

- Damit die Brokkoli-Terrinen warm bleiben, während Sie die Suppe genießen, setzen Sie den geschlossenen Varoma mit den Terrinen wieder auf den leeren, aber noch warmen Mixtopf.
- Präsentieren Sie die Brokkoli-Terrinen besonders attraktiv, indem Sie sie auf einen Servierteller stürzen.
- Die Brokkoli-Terrinen können auch als Vorspeise oder als Beilage z.B. zu geräuchertem Lachs oder kurz gebratenem Fleisch serviert werden.
- Statt in Keramik-Auflaufförmchen können die Terrinen auch in hitzebeständigen Gläsern oder Metallförmchen gegart werden. Falls Sie Metall verwenden, kann die Garzeit im 2. Schritt um 2 Minuten verkürzt werden.

KÜRBISSUPPE, FISCH MIT REIS UND GEMÜSE, APFEL-BIRNEN-CRUMBLE

ZUTATEN

100 g Langkornreis, weiß
400 g Wasser und etwas mehr zum Reiseinweichen
2 weiße Fischfilets, ohne Haut, à 150-180 g (z. B. Seehecht, Seezunge, Barsch)
1 TL Salz und etwas mehr nach Geschmack
2 Prisen Pfeffer und etwas mehr nach Geschmack
6 Cherry-Tomaten, halbiert
120 g Apfel (1 Apfel), in Stücken (1,5 cm), entkernt
120 g reife Birnen (1 Birne), in Stücken (1,5 cm), entkernt
1 EL Honig
1 EL Zitronensaft
130 g Möhren, in Streifen (1 x 5 cm)
4 Spargelstangen, grün, der Länge nach halbiert, wenn die Stangen dicker als 1 cm sind, oder 150 g Brokkoliröschen
40 g Mehl
20 g brauner Zucker
20 g Butter
150 g Zwiebeln, in Stücken (4 cm)
1 Knoblauchzehe
250-300 g Butternuss-Kürbis, geschält, in Stücken (3 cm)
20 g natives Olivenöl
80 g Tomaten, reif, in Stücken
frischer Schnittlauch, in Röllchen, zum Garnieren

NÜTZLICHES ZUBEHÖR

Backpapier
2 ofenfeste Keramikschüsseln (ca. Ø 12 cm)

Das ist mal ein Allrounder-Menü für Zwei! Ob für die Alltagsküche oder eine besondere Gelegenheit – dieses Menü passt immer. Cremige Kürbissuppe, Fisch mit Reis und Gemüse und zum Nachtisch ein knuspriger Crumble. Wer kann da schon widerstehen?

ZUBEREITUNG

1. Eine Schüssel (1 l) auf den Mixtopf setzen, Reis einwiegen, mit Wasser bedecken und zur Seite stellen.
2. Fischfilets mit 1-2 Prisen Salz und Pfeffer würzen; dünne Fischfilets aufrollen und mit einem Zahnstocher fixieren, damit sie nicht übergart werden. Fischfilets auf 1 Stück Backpapier (30 x 40 cm) geben, Cherry-Tomaten dazulegen, und wieder mit 1-2 Prisen Salz würzen. Apfel- und Birnenstücke auf ein weiteres Backpapier (30 x 40 cm) legen und mit Honig und Zitronensaft beträufeln. Beide Päckchen verschließen, das Backpapier dabei zusammenfalten, die Enden verdrehen und beide nebeneinander in den Varoma-Behälter legen. Den Varoma-Einlegeboden einsetzen, erst Möhren, dann Spargel darauflegen und Varoma zur Seite stellen.
3. Mehl, braunen Zucker und Butter in den Mixtopf geben, **10 Sek./Stufe 5** vermischen und die Crumble in eine Schüssel umfüllen.
4. Zwiebeln, Knoblauch, Butternuss-Kürbis und natives Olivenöl in den Mixtopf geben, erst **2 Sek./Stufe 5** zerkleinern und dann **8 Min./120°C/Stufe 1** dünsten.

Fortsetzung auf Seite **48** ▶

35 Min. | 1 Std. | mittel | 2 Portionen

Pro Portion: Eiweiß 43 g
Kohlenhydrate 105 g/Fett 22 g
Brennwert 3480 kJ/832 kcal

▶ Kürbissuppe, Fisch mit Reis und Gemüse, Apfel-Birnen-Crumble, Fortsetzung

5. Tomatenstücke zugeben. Reis zum Abtropfen in den Gareinsatz geben und Gareinsatz in den Mixtopf einhängen. 1 TL Salz, 1 Prise Pfeffer und Wasser zugeben. Varoma aufsetzen und **20 Min./Varoma/Stufe 1** garen. In dieser Zeit den Backofen auf 180°C vorheizen.
6. Den geschlossenen Varoma zum Warmhalten auf einen Teller stellen und den Gareinsatz mithilfe des Spatels aus dem Mixtopf nehmen. Messbecher einsetzen und Suppe **1 Min./Stufe 4-9 schrittweise ansteigend** pürieren.
7. Die gedünsteten Apfel- und Birnenstückchen zusammen mit dem ausgetretenen Saft in 2 ofenfeste Keramikschüsselchen (ca. Ø 12 cm) verteilen, mit dem zur Seite gestellten Crumble bestreuen und 15-20 Minuten (180°C) goldgelb backen.
8. Suppe mit Schnittlauchröllchen bestreut als Vorspeise servieren (siehe Tipp). Fisch mit Reis und Gemüse als Hauptgericht reichen und zum Dessert den warmen Obst-Crumble genießen.

TIPP

- Um den Hauptgang warm zu halten, während die Suppe serviert wird, den Gareinsatz wieder in den leeren, noch warmen Mixtopf einhängen und den geschlossenen Varoma mit Fisch und Gemüse auf den Mixtopf mit Deckel aufsetzen.

VARIANTEN

- Den Spargel können Sie durch breite Stangenbohnen, in Stücken (2 cm), ersetzen.
- Ersetzen Sie das Wasser im 5. Schritt durch Hühner- oder Gemüsebrühe. In diesem Fall reduzieren Sie ggf. die Salzzugabe im gleichen Schritt auf ¼ TL Salz.

2. Schritt

TOMATEN-BROT-SUPPE, SPINAT-OMELETT-ROLLE, RATATOUILLE

In Italien ist diese Tomatensuppe mit Brot ein klassischer Seelentröster. Tröstlich ist auch die geniale Zubereitung: Während die Suppe köchelt, können Sie gleichzeitig den Hauptgang dampfgaren: Eine herzhafte Spinat-Omelett-Rolle mit knackigem mediterranen Gemüse.

ZUTATEN

- 60 g Schnittkäse (z. B. Gruyère, Emmentaler, Cheddar), in Stücken
- 2 Knoblauchzehen
- 50 g natives Olivenöl und etwas mehr zum Servieren
- 50 g Brötchen, altbacken, in Stücken (1-2 cm), oder Weißbrot, altbacken, in Stücken (1-2 cm)
- 200 g Hackspinat, TK, aufgetaut
- 4 Eier
- 1 TL Salz und etwas mehr nach Geschmack
- 50 g Zwiebeln, halbiert
- 50 g Möhren, in Stücken
- 700 g Tomaten, reif, in Stücken oder 700 g Tomaten, geschält, aus der Dose
- 6-8 Basilikumblätter, frisch
- 500 g Wasser
- 1 geh. TL Gewürzpaste für Gemüsebrühe, selbst gemacht, oder 1 Würfel Gemüsebrühe für 0,5 l Wasser
- 400 g gemischtes Gemüse (z. B. Paprikaschoten, Zucchini, Auberginen), in Stücken (2-3 cm)
- Pfeffer nach Geschmack

NÜTZLICHES ZUBEHÖR

Backpapier

ZUBEREITUNG

1. Käse in den Mixtopf geben, **5 Sek./Stufe 7** zerkleinern und in eine Schüssel umfüllen.
2. Knoblauch und 10 g Olivenöl in den Mixtopf geben, **5 Sek./Stufe 5** zerkleinern und dann **2 Min./120°C/Stufe 1** dünsten.
3. Brotwürfel zugeben und ohne Messbecher **5 Min./120°C/↺/Stufe 1** rösten. In dieser Zeit Varoma-Einlegeboden so mit Backpapier belegen, dass das Backpapier am Rand rundum 2 cm hochsteht. Geröstetes Knoblauchbrot in den Varoma-Behälter umfüllen.
4. Spinat, 10 g Olivenöl, Eier und ½ TL Salz in den Mixtopf geben und **30 Sek./Stufe 5.5** vermischen. Eier-Spinat-Mischung auf das Backpapier auf dem Varoma-Einlegeboden geben, mit dem Spatel bis zum Rand verteilen, mit dem zerkleinerten Käse bestreuen und Varoma-Einlegeboden in den Varoma-Behälter einsetzen.
5. Zwiebeln, Möhren, 30 g Olivenöl, Tomaten, 1-2 Basilikumblätter, Wasser, Gewürzpaste und ½ TL Salz in den Mixtopf geben und **5 Sek./Stufe 5** zerkleinern.

Fortsetzung auf Seite **50** ▶

35 Min. | 1 Std. 5 Min. | mittel | 4 Portionen

Pro Portion: Eiweiß 17 g
Kohlenhydrate 19 g/Fett 26 g
Brennwert 1654 kJ/395 kcal

▶ Tomaten-Brot-Suppe, Spinat-Omelett-Rolle, Ratatouille, Fortsetzung

6. Gareinsatz einhängen, Gemüsemischung hineingeben, Varoma aufsetzen und **30 Min./Varoma/Stufe 1** garen. Varoma abnehmen. Das Spinat-Omelett mithilfe des Backpapiers eng aufrollen und das Backpapier nicht entfernen. Gareinsatz mit dem Spatel aus dem Mixtopf nehmen, das gegarte Gemüse in eine flache Servierschüssel umfüllen, nach Geschmack mit Salz und Pfeffer würzen und vermischen. Spinat-Omelett aus dem Backpapier wickeln, in Scheiben (ca. 2 cm) schneiden, zum Gemüse in die flache Servierschüssel geben und warm halten. Tomatensuppe in eine Suppenschüssel umfüllen, Knoblauchbrot zugeben, mit Olivenöl beträufeln und grob zerteilte Basilikumblätter darüberstreuen. Tomatensuppe heiß als Vorspeise servieren. Anschließend das Spinat-Omelett zusammen mit Ratatouille als Hauptgericht reichen.

TIPP

- Wünschen Sie die Suppe weniger stückig, dann pürieren Sie sie im 6. Schritt, nachdem Varoma und Gareinsatz zur Seite gestellt wurden, **1 Min./Stufe 5-10 schrittweise ansteigend**. Geben Sie dann das Knoblauchbrot aus dem Varoma wie im 6. Schritt beschrieben zur Suppe.

VARIANTE

- Ersetzen Sie den Spinat im Omelett durch Gemüse Ihrer Wahl (z.B. Kohl, Zucchini).

4. Schritt

6. Schritt

THAI-GARNELEN-BRÜHE, GEWÜRZÄPFEL

Das leicht scharf-süße Aroma dieser Thai-Brühe passt perfekt zu Garnelen und Nudeln. Wir nutzen hier den Dampf der Brühe aus und bereiten gleichzeitig ein fruchtiges Dessert zu. Achten Sie darauf, einen Vanillezucker guter Qualität zu nehmen – am besten selbst gemacht mit Thermomix®.

ZUTATEN

Gewürzäpfel

4 Kochäpfel (z. B. Boskoop, Bramley, Reine des Reinettes)
2 TL Vanillezucker, selbst gemacht
4 Sternanis
4 Prisen Ingwer, gemahlen
4 Gewürznelken
4 Prisen Zimt

Thai-Garnelen-Brühe

150 g Zwiebeln, halbiert
20-30 g frischer Ingwer, in dünnen Scheiben
1 frische Chilischote, entkernt
15 g Olivenöl
800 g Garnelen, roh, mit Kopf und Schale, geschält (Köpfe und Schale aufheben)
1400 g Wasser
40 g Reisessig
30 g Fischsauce
2 Gewürznelken
1 Sternanis
3 Prisen Salz nach Geschmack
3 Prisen Pfeffer nach Geschmack
80 g Chinesische Eiernudeln, trocken
2 Prisen Wakame-Flocken (optional)
100 g frische Sojabohnensprossen oder frische Mungobohnen-sprossen
15 Blättchen frischer Koriander

ZUBEREITUNG

Gewürzäpfel

1. Äpfel mit einem Apfelausstecher aushöhlen, indem das Kerngehäuse entfernt wird (Apfel dabei nicht durchstechen), damit die Apfelbasis intakt bleibt. Jeden Apfel auf 1 Stück hitzebeständige Frischhaltefolie oder 1 Stück Backpapier legen (20 x 20 cm). In jede Apfelöffnung ½ TL Vanillezucker, 1 Sternanis, 1 Prise Ingwer, 1 Gewürznelke und 1 Prise Zimt geben. Jedes Päckchen gut verschließen und in den Varoma-Behälter legen.

Thai-Garnelen-Brühe

2. Zwiebeln, Ingwer und Chilischote in den Mixtopf geben, **5 Sek./Stufe 5** zerkleinern und mit dem Spatel nach unten schieben.
3. Olivenöl, Garnelenköpfe und Schalen zugeben und ohne Messbecher **5 Min./120°C/Stufe** dünsten. In dieser Zeit die geschälten Garnelen in den Kühlschrank stellen.
4. Wasser, Reisessig, Fischsauce, Gewürznelken, Sternanis, Salz und Pfeffer in den Mixtopf zugeben, Varoma mit den Gewürzäpfeln aufsetzen und **35 Min./Varoma/Stufe** dampfgaren. Varoma zur Seite stellen.
5. Die Brühe aus dem Mixtopf durch ein feines Sieb in eine große Schüssel abgießen, dabei die festen Reste im Sieb mit dem Spatel gut ausdrücken, um die aromatische Brühe aufzufangen. Reste aus dem Sieb entsorgen, Mixtopf gut spülen und die Brühe aus der Schüssel zurück in den Mixtopf geben. Chinesische Eiernudeln in den Mixtopf zugeben, Varoma mit den Äpfeln wieder aufsetzen und **4 Min./Varoma/Stufe** garen. Varoma zur Seite stellen.

Fortsetzung auf Seite **54** ▶

30 Min. | 1 Std. 15 Min. | mittel | 4 Portionen | *Pro Portion:* Eiweiß 21 g Kohlenhydrate 36 g/Fett 6 g Brennwert 1242 kJ/296 kcal

▶ Thai-Garnelen-Brühe, Gewürzäpfel, Fortsetzung

NÜTZLICHES ZUBEHÖR
Apfelausstecher
hitzebeständige Frischhaltefolie
oder Backpapier
Sieb, mittelfein
Suppenterrine

Wakame

6. Wakame, vorbereitete Garnelen aus dem Kühlschrank und Sojabohnensprossen in den Mixtopf zugeben, Varoma wieder aufsetzen und **3 Min./Varoma/↺/Stufe 0.5** garen. Den geschlossenen Varoma zum Warmhalten auf einen Teller stellen. Die Garnelen-Brühe in eine Suppenterrine umfüllen, Korianderblätter zugeben, vermischen und sofort servieren. Gewürzäpfel später als Dessert reichen.

TIPPS
- Wakame ist eine Braunalge, die frisch oder getrocknet in den Küchen Japans, Koreas und Chinas vielfältig zum Einsatz kommt.

VARIANTE
- Ersetzen Sie Sojabohnensprossen durch frische Pilze, die Sie in dünne Scheiben schneiden.

1. Schritt

5. Schritt

MISO-SUPPE, MEERESFRÜCHTE MIT SAKE UND REIS

Garen mit Dampf ist in den Küchen Asiens ganz alltäglich. Mit diesem asiatischen Menü nutzen Sie das Kochen in Etagen des Thermomix® perfekt aus: Suppe, Hauptgericht und Reis werden gleichzeitig gekocht. Zur Belohnung gibt es ein leckeres, farbenfrohes Menü für die ganze Familie.

ZUTATEN

1440 g Wasser
300 g weißer Rundkornreis (z.B. Sushi-Reis oder Klebreis), abgespült und abgetropft
60 g Chinakohl, in Stücken (2 cm)
100 g Zwiebeln, in dünnen Scheiben (2 mm)
40 g Möhren, in dünnen Streifen (2 mm)
4 Blätter Kombu (à ca. 2 cm) (optional)
10-12 Garnelen, roh, groß, geschält und entdarmt (ca. 170 g)
300 g Venusmuscheln, frisch, gesäubert, Schalen gebürstet, oder 300 g Miesmuscheln, frisch, gesäubert
250 g Tintenfischringe, roh
75 g Japanische Sojasauce (siehe Tipp)
60 g Sake oder 60 g Reiswein
1 TL Salz
2 TL Sesamöl, ungeröstet (10 g)
80 g Miso-Paste
5 Prisen Wakame-Flocken, getrocknet
200 g Seidentofu, gewürfelt (1,5 cm) (optional)

NÜTZLICHES ZUBEHÖR

hitzebeständige Schüssel (ca. Ø 20 cm oben, Ø 12 cm am Boden, 9 cm hoch)

ZUBEREITUNG

1. 1200 g Wasser in den Mixtopf geben, Gareinsatz einhängen und Rundkornreis einwiegen.
2. Eine hitzebeständige Schüssel, die in den Varoma-Behälter passt (ca. Ø 20 cm oben, Ø 12 cm unten, 9 cm hoch), so in den Varoma-Behälter stellen, dass noch Dampfschlitze frei bleiben und der Dampf zirkulieren kann. Varoma-Behälter aufsetzen.
3. Chinakohl, Zwiebeln, Möhren, Kombu-Alge, Garnelen, Muscheln und Tintenfischringe in die Schüssel geben. Japanische Sojasauce, Sake, Salz, Sesamöl und 40 g Wasser über die Meeresfrüchte in die Schüssel geben, Varoma verschließen und **20 Min./Varoma/Stufe 2** garen. In dieser Zeit Miso-Paste mit 200 g Wasser in einem Schüsselchen auflösen und zur Seite stellen.
4. Varoma abnehmen, Gareinsatz mithilfe des Spatels aus dem Mixtopf nehmen, gegarten Reis in eine Schüssel umfüllen und zum Warmhalten abdecken.
5. Miso-Wasser-Mischung noch einmal verrühren, mit den Wakame-Flocken in den Mixtopf zugeben, Varoma wieder aufsetzen und **15 Min./Varoma/Stufe 2** garen. Varoma zur Seite stellen.
6. Seidentofu in den Mixtopf zugeben, **2 Min./100°C/⟲/Stufe 1** garen und Suppe abschmecken (siehe Tipp). Suppe in 4 Schälchen umfüllen und als Vorspeise servieren. Danach Reis mit Meeresfrüchten als Hauptgericht reichen.

Fortsetzung auf Seite **56** ▶

30 Min. | 1 Std. 5 Min. | einfach | 4 Portionen

Pro Portion: Eiweiß 30 g
Kohlenhydrate 71 g/Fett 7 g
Brennwert 2015 kJ/478 kcal

▶ Miso-Suppe, Meeresfrüchte mit Sake und Reis, Fortsetzung

TIPPS

- Probieren Sie die Suppe vor dem Servieren; wenn Sie nicht salzig genug ist, lösen Sie weitere 10-20 g Miso-Paste in der Suppe auf.
- Sojasauce kann sehr unterschiedlich sein im Aroma und in der Stärke. Die übliche japanische Sojasauce ist meist heller und weniger salzig als die dunklere chinesische Sojasauce. Wenn Sie nur dunkle Sojasauce erhalten können, reduzieren Sie die Menge auf 50 g.
- Wakame und Kombu-Alge (auch als Kelp bekannt) sind zwei verschiedene essbare Seetangarten, die oft in der japanischen, koreanischen und chinesischen Küche verwendet werden.

VARIANTE

- Ersetzen Sie die Sojasauce durch aromatisierte japanische Sojasauce (z. B. mit Kelp, Bonitoflocken, Muscheln), oder geben Sie ¼ TL Instant-Dashi-Pulver zu.

Shrimps entdarmen

3. Schritt

GEMÜSE-NUDEL-SUPPE, SCHWEINEFLEISCHROLLE MIT GEMÜSEBEILAGE, PUDDING, MUFFINS

ZUTATEN

Beerenmuffins und Himbeerpudding

4 TL Himbeer-Konfitüre (40 g)
2 Eier
200 g Zucker
60 g Butter, in Stücken
200 g Milch
½ TL Vanilleextrakt oder 1 TL Vanillezucker, selbst gemacht
200 g Mehl
2 TL Backpulver
200 g Himbeeren, frisch oder gefroren
150 g Blaubeeren, frisch oder gefroren

Drei Gänge in einem zuzubereiten ist keine kulinarische Herausforderung mehr für Sie? Dann legen wir noch einen drauf: Zusätzlich zur Gemüse-Nudel-Suppe und der Schweinefleischrolle mit mediterranem Gemüse servieren wir noch zusätzlich dampfgegarte Himbeerpuddings. Und zur Krönung gibt es noch Beerenmuffins aus dem Backofen. Thermomix® macht's möglich!

ZUBEREITUNG

Beerenmuffins und Himbeerpudding

1. Backofen auf 180°C vorheizen. Papier-Muffinförmchen in die Vertiefungen eines Muffinblechs legen und zur Seite stellen. Konfitüre auf 4 einzelne Silikon- oder Metall-Muffinförmchen (Ø 7 cm, 4 cm hoch, siehe Tipps) verteilen und zur Seite stellen.
2. Eier, Zucker, Butter, Milch, Vanilleextrakt, Mehl und Backpulver in den Mixtopf geben und **30 Sek./Stufe 4** vermischen. Teig mit dem Spatel nach unten schieben und verrühren. So viel von diesem Teig in die 4 Förmchen mit der Konfitüre geben, dass sie bis 5 mm unter den Rand gefüllt sind, und auf den Varoma-Einlegeboden stellen.
3. Den restlichen Teig so auf die Papier-Muffinförmchen verteilen, dass sie bis 1 cm unter den Rand gefüllt sind. Der Teig reicht dann für etwa 7-9 Muffins. Himbeeren und Blaubeeren auf den Muffins verteilen und 30 Minuten (180°C) backen. Während dieser Backzeit mit dem 4. Schritt fortfahren.

Fortsetzung auf Seite **60** ▶

45 Min. | 1 Std. 40 Min. | mittel | 4 Portionen

Pro Portion: Eiweiß 49 g
Kohlenhydrate 133 g/Fett 59 g
Brennwert 5439 kJ/1299 kcal

► Gemüse-Nudel-Suppe, Schweinefleischrolle mit Gemüsebeilage, Pudding, Muffins, Fortsetzung

Schweinefleischrolle
500-600 g Schweineschulter, ohne Knochen, an einem Stück, schmetterlingsartig aufgeschnitten, ca. 1,5 cm dick
1 Prise Salz
1 Prise Pfeffer
4-5 Scheiben Schinkenspeck, luftgetrocknet oder geräuchert
20 g Tomaten, getrocknet
30 g Parmesan
5 Stängel Petersilie, abgezupft
1 Ei

Mittelmeergemüse, Gemüse-Nudel-Suppe
1 Knoblauchzehe
300 g Zwiebeln, davon 100 g in Scheiben und die restlichen 200 g in Stücken
130 g Möhren, geschält, in Scheiben (5 mm)
70-80 g gemischtes Gemüse (z. B. rote oder grüne Paprikaschoten, Staudensellerie), in Stücken
30 g natives Olivenöl
50 g Weißwein (optional)
1½ TL Salz
1 geh. TL Gewürzpaste für Gemüsebrühe, selbst gemacht, oder 1 Würfel Gemüsebrühe für 0,5 l Wasser
1000 g Wasser
250 g Kartoffeln, in Scheiben (5 mm)
160 g Zucchini, in Scheiben (1 cm)
150 g Tomaten, reif, in Scheiben (1 cm)
½ TL getrocknetes Oregano
60 g kurze Nudeln, trocken (z. B. Ellbogen-Makkaroni), für Suppen

Schweinefleischrolle

4. Die flache Fleischscheibe auf ein Stück hitzebeständige Frischhaltefolie oder Backpapier (30 x 50 cm) legen, mit Salz und Pfeffer bestreuen und mit den Schinkenspeckscheiben bedecken.
5. Getrocknete Tomaten, Parmesan und Petersilie in den Mixtopf geben, **5 Sek./Stufe 10** zerkleinern und mit dem Spatel nach unten schieben.
6. Ei zugeben, **10 Sek./Stufe 3** vermischen, gleichmäßig auf die Lage Schinkenspeck streichen und Fleisch mithilfe der Frischhaltefolie aufrollen und fest in die Folie einwickeln. Gefüllte Fleischrolle in den Varoma-Behälter legen und zur Seite stellen.

Mittelmeergemüse, Gemüse-Nudel-Suppe

7. Knoblauch, 200 g Zwiebelstücke, 50 g Möhrenscheiben, gemischtes Gemüse und Olivenöl in den Mixtopf geben, erst **2 Sek./Stufe 5** zerkleinern, dann **5 Min./120°C/Stufe 1** dünsten.
8. Weißwein zugeben und ohne Messbecher **1 Min./Varoma/Stufe 1** reduzieren, damit der Alkohol verdampft.
9. 1 TL Salz, Gewürzpaste für Gemüsebrühe und Wasser zugeben, Gareinsatz einhängen, Kartoffeln, 80 g Möhren, 100 g Zwiebelscheiben, Zucchini und Tomaten einwiegen. Mit Oregano und ½ TL Salz würzen, Varoma-Behälter aufsetzen, Varoma-Einlegeboden mit den Puddings einsetzen, Varoma verschließen und **40 Min./Varoma/Stufe 1** dampfgaren. Den geschlossenen Varoma zum Warmhalten der Puddings und der Fleischrolle auf einen Teller stellen, Gareinsatz mithilfe des Spatels herausnehmen und das Gemüse aus dem Gareinsatz in eine Servierschüssel umfüllen. Schüssel zum Warmhalten abdecken und zur Seite stellen.
10. Nudeln in den Mixtopf zugeben, **Zeit gemäß Packungsangabe/100°C/⟲/Stufe 1** garen und Suppe in eine Suppenterrine umfüllen.

Zum Servieren

11. Die Suppe als Vorspeise servieren. Danach die Fleischrolle aus der Folie nehmen, in Scheiben schneiden, in die Servierschüssel mit dem Gemüse geben und als Hauptgericht reichen. Die Puddings auf kleine Teller stürzen und als Dessert genießen.

NÜTZLICHES ZUBEHÖR

Muffinblech
Papier-Muffinförmchen
Silikon- oder Aluminium-Muffinformen (Ø 7 cm, 4 cm hoch)
hitzebeständige Frischhaltefolie oder Backpapier

TIPPS

- Verwenden Sie für die Muffins ein Muffinblech mit 8 oder 12 Vertiefungen, wobei einige Vertiefungen leer bleiben, je nachdem, wie viel Teig noch übrig ist. Geben Sie die Puddingmischung in 4 einzelne hitzebeständige Muffin- oder Puddingförmchen, die auf den Varoma-Einlegeboden passen.
- Lassen Sie die Muffins nach dem Backen 5 Minuten in der Form abkühlen und geben Sie sie dann auf ein Kuchengitter. Wenn sie auf Raumtemperatur abgekühlt sind, können sie mit Puderzucker bestreut und in einer luftdichten Dose aufbewahrt werden. Servieren Sie sie innerhalb von 24 Stunden.
- Wenn Sie ausreichend Platz in Ihrem Kühlschrank haben, können Sie dieses Rezept am Vorabend bis zum 9. Schritt vorbereiten. Stoppen Sie vor dem Dampfgaren. Geben Sie den vorbereiteten Varoma, den Mixtopf und den Gareinsatz in den Kühlschrank. Wenn Sie dann das Rezept fertig machen wollen, fahren Sie mit dem Dampfgaren im 9. Schritt fort.

VARIANTEN

- Wählen Sie unterschiedliche Beeren oder kleine Mango- oder Bananenstückchen für die Muffins.
- Ersetzen Sie die Himbeerkonfitüre in den Puddings durch andere Konfitüren oder Marmeladen.

4. Schritt

6. Schritt

9. Schritt

VORSPEISEN UND SALATE

GEFLÜGEL-DINKEL-SALAT

Das zarte Hähnchen lässt sich gern umgarnen von diesem Salat mit Pinienkernen, frischen Kräutern und Rucola.

ZUTATEN

500 g Wasser
1 TL Salz und etwas mehr nach Geschmack
150 g Dinkelkörner
200 g rote Paprikaschoten, gewürfelt (ca. 5 mm)
300 g Hähnchenbrust, in Streifen (ca. 5 x 1 cm)
50 g natives Olivenöl
2 Prisen Pfeffer und etwas mehr nach Geschmack
40 g Mandeln, ungeröstet
40 g Schalotten
4-5 Stängel gemischte, frische Kräuter (z. B. Koriander, Petersilie), abgezupft
20 g Weinessig oder Balsamessig
20 g Zitronensaft, frisch gepresst (optional)
60 g Rucola
20 g Pinienkerne oder Nüsse (z. B. Walnüsse, Haselnüsse)

NÜTZLICHES ZUBEHÖR

große Salatschüssel

ZUBEREITUNG

1. Wasser, ½ TL Salz und Dinkelkörner in den Mixtopf geben und **22 Min./100°C/↺/Stufe 1** garen. In dieser Zeit die roten Paprikawürfel in den Varoma-Behälter legen, Varoma-Einlegeboden einsetzen, Hähnchenstreifen darauf verteilen, mit 10 g Olivenöl (1 EL) beträufeln, mit Pfeffer und dem restlichen ½ TL Salz würzen und mit dem Spatel vermischen.
2. Varoma aufsetzen und **15 Min./Varoma/↺/Stufe 1** dampfgaren. Varoma absetzen, Dinkel in den Gareinsatz abgießen und in eine große Salatschüssel geben. Gegarte Hähnchenstreifen und Paprikawürfel in die Salatschüssel zugeben und 20 Minuten zum Abkühlen zur Seite stellen. Mixtopf spülen.
3. Mandeln in den Mixtopf geben, **5 Sek./Stufe 6** zerkleinern, dann **1 Min./120°C/Stufe 1** trocken rösten, in die Salatschüssel zugeben und vollständig abkühlen lassen.
4. Schalotten und Kräuter in den Mixtopf geben und **5 Sek./Stufe 5** zerkleinern.
5. 40 g Olivenöl, Weinessig und Zitronensaft zugeben und **30 Sek./Stufe 3** vermischen. Dressing, Rucola und Pinienkerne in die Salatschüssel zugeben, mit dem Spatel vermischen, abschmecken und bei Zimmertemperatur oder gekühlt servieren.

TIPP

- Dinkelkörner finden Sie im Bioladen oder im Reformhaus.

VARIANTEN

- Geben Sie im 4. Schritt zusätzlich 30 g getrocknete Tomaten in Öl, abgetropft und halbiert, zu.
- Vor dem Servieren 40 g Parmesanspäne darübergeben.
- Die Nüsse durch Kerne (z.B. Kürbiskerne, Sonnenblumenkerne) ersetzen.

30 Min. | 1 Std. 15 Min. | einfach | 6 Portionen

Pro Portion: Eiweiß 19 g
Kohlenhydrate 19 g/Fett 15 g
Brennwert 1224 kJ/292 kcal

GEMÜSE-KARTOFFEL-SALAT MIT HÄHNCHEN

Egal ob bei einer Familienfeier oder als Mitbringsel für ein Partybuffet, als leichtes Mittagessen oder für ein Picknick: Dieser Salat ist perfekt und lässt sich mit immer neuen Gemüsen variieren. Wenn Sie Tofu statt Hähnchen verwenden, wird daraus ein vegetarischer Lieblingssalat.

ZUTATEN

300 g Möhren, in Stücken
400 g Wasser
2 TL Salz und etwas mehr nach Geschmack
300 g Kartoffeln, in mundgerechten Stücken (1-1,5 cm)
300 g frische, grüne Bohnen, in Stücken (2-3 cm)
150 g gefrorene, grüne Erbsen
350 g Hähnchen, gewürfelt (1-1,5 cm)
½ TL Pfeffer und etwas mehr nach Geschmack
250 g Eisbergsalat, einzelne Blätter
150 g Sahne
20 g Zitronensaft, frisch gepresst (1 Zitrone)
10-15 g gemischte, frische Kräuter (z. B. Schnittlauch, Petersilie, Dill)
100 g frische Sojabohnensprossen (optional)

NÜTZLICHES ZUBEHÖR

große Salatschüssel

Tipp

ZUBEREITUNG

1. Möhren in den Mixtopf geben, **5 Sek./Stufe 5** zerkleinern und in eine große Salatschüssel umfüllen.
2. Wasser und 1 TL Salz in den Mixtopf geben, Gareinsatz einhängen und Kartoffeln und Bohnen einwiegen. Varoma-Behälter aufsetzen, grüne Erbsen hineingeben, Varoma-Einlegeboden einsetzen, Hähnchenwürfel darauf verteilen, mit ½ TL Salz und ¼ TL Pfeffer würzen und **20 Min./Varoma/Stufe 1** dampfgaren. In dieser Zeit die Eisbergblätter in Chiffonaden (siehe Tipp) schneiden und in die Salatschüssel zu den Möhren geben.
3. Varoma zur Seite stellen und Gareinsatz mithilfe des Spatels entnehmen. Hähnchen, Kartoffeln und Gemüse 15-20 Minuten abkühlen lassen und zwischendurch mit dem Spatel vermischen. Mixtopf leeren und spülen.
4. Sahne, ½ TL Salz, ¼ TL Pfeffer und Zitronensaft in den Mixtopf geben und **30 Sek./Stufe 3** vermischen.
5. Kräuter zugeben und **15 Sek./Stufe 1** rühren. Grüne Bohnen, Erbsen, Hähnchen, Kartoffeln und Sojabohnensprossen in die Salatschüssel zugeben, Dressing darübergeben, mithilfe des Spatels gut vermischen und ca. 15 Minuten in den Kühlschrank stellen. Salat abschmecken und kalt servieren.

TIPPS

- „Chiffonade" ist eine Art, Salatblätter oder Kräuter in lange, dünne Streifen zu schneiden. Dazu rollt man die Blätter auf und schneidet die gerollten Blätter dann so durch, dass lange, dünne Streifen entstehen.
- Servieren Sie 8 Portionen als Hauptgericht oder 10-12 Portionen als Vorspeise.

25 Min. | 1 Std. 15 Min. | einfach | 8 Portionen | *Pro Portion:* Eiweiß 15 g Kohlenhydrate 15 g/Fett 7 g Brennwert 801 kJ/192 kcal

SIZILIANISCHER GARNELENSALAT

Mit diesem Salat träumen wir uns nach Sizilien und genießen die italienische Würze. Leicht gegart werden die Zwiebeln etwas mürbe und Tomaten und Fenchel sind ideale Begleiter der saftigen Garnelen.

ZUTATEN

200 g rote Zwiebeln, in dünnen Scheiben (1-2 mm)
30-40 g Rotweinessig, nach Geschmack
10 g Petersilie, ohne Stiele
50 g natives Olivenöl
½ Knoblauchzehe (optional)
40 g Limettensaft, frisch gepresst, oder 40 g Zitronensaft, frisch gepresst
½ TL Salz und etwas mehr nach Geschmack
1 Prise Pfeffer
300 g Wasser
500 g Garnelen, roh, groß, geschält und entdarmt (ca. 1000 g Garnelen mit Schale)
1-2 Limetten, in Scheiben (2-3 mm), oder 1 Zitrone, in Scheiben (2-3 mm)
200 g Fenchel, in dünnen Scheiben (1-2 mm)
400 g Cherry-Tomaten, halbiert

ZUBEREITUNG

1. Eine Schüssel auf den Mixtopf stellen, Zwiebelscheiben und Rotweinessig einwiegen, vermischen und zur Seite stellen.
2. Petersilie, Olivenöl, Knoblauch, Limettensaft, Salz und Pfeffer in den Mixtopf geben, **20 Sek./Stufe 8** emulgieren und in eine weitere Schüssel umfüllen.
3. Wasser in den Mixtopf geben. Varoma-Behälter aufsetzen, Garnelen einwiegen, mit 2-3 Prisen Salz bestreuen und mit 3 Limettenscheiben belegen. Varoma verschließen und **10 Min./Varoma/Stufe 1** dampfgaren.
4. Zwiebeln zum Abtropfen auf den Varoma-Einlegeboden geben und den Essig abtropfen lassen. Varoma absetzen, Varoma-Einlegeboden mit den abgetropften Zwiebeln in den Varoma-Behälter setzen, Varoma wieder aufsetzen und weitere **5 Min./Varoma/Stufe 1** dampfgaren. Varoma absetzen.
5. Zwiebeln und Fenchel auf eine Servierplatte geben, halbierte Cherry-Tomaten zugeben und mit den restlichen Limettenscheiben dekorieren. Garnelen darauf arrangieren, mit dem Salatdressing beträufeln und zimmerwarm oder gekühlt servieren.

TIPP

- Werden gefrorene Garnelen verwendet, sollten diese vorher aufgetaut sein.

VARIANTE

- In Sizilien wird dieser Salat gern mit gerösteten Pinienkernen bestreut, was ihm ein besonderes Aroma verleiht.

25 Min. | 40 Min. | einfach | 6 Portionen

Pro Portion: Eiweiß 17 g
Kohlenhydrate 6 g/Fett 10 g
Brennwert 785 kJ/187 kcal

GEMÜSE-LACHS-SALAT MIT FETA UND QUINOA

Wenn Sie der Star der Party sein wollen, dann bringen Sie diesen Salat fürs Buffet mit. Da wollen später garantiert alle Gäste das Rezept! Vielleicht bereiten Sie also lieber direkt die doppelte Menge zu?

ZUTATEN

½ Zitronen, ungespritzt, nur die dünn abgeschälte Schale
10-12 Stängel gemischte, frische Kräuter (z. B. Petersilie, Basilikum, Schnittlauch), abgezupft
1 Knoblauchzehe
½ frische Chilischote oder 2 Prisen getrocknete Chili-Flocken
60 g Olivenöl
1200 g Wasser
1½ TL Salz
100 g Quinoa
600 g Lachsfilets, frisch, ohne Haut (2 cm dick)
160 g Paprikaschote, in Stücken
50 g rote Zwiebeln, in Stücken
120 g Salatgurke, in Stücken
150 g Feta, in Stücken
1 TL Dijonsenf
1 EL Essig
2 Prisen Pfeffer
300 g Pflaumentomaten, in Stücken (2 cm)
1 Avocado, ohne Schale und Kern (150-200 g), in Scheiben
100 g Grünkohl, fein geschnitten, oder 100 g Babyspinat, frisch
1 EL Kürbiskerne (optional)
2 EL Cranberrys, getrocknet (optional)

NÜTZLICHES ZUBEHÖR

große Salatschüssel

ZUBEREITUNG

1. Zitronenschale und Blätter von 2-3 Stängeln frischer Kräuter in den Mixtopf geben, **7 Sek./Stufe 9** zerkleinern und in eine Schüssel umfüllen.
2. Knoblauch, Chilischote und 30 g Olivenöl in den Mixtopf geben, **3 Sek./Stufe** 7 zerkleinern, dann ohne Messbecher **2 Min./120°C/Stufe 1** dünsten und in die Schüssel zu der Zitronen-Kräuter-Mischung geben.
3. Wasser und 1 TL Salz in den ungespülten Mixtopf geben, Gareinsatz einhängen, Quinoa einwiegen und mit dem Spatel verrühren, um alle Körner zu befeuchten. Varoma-Behälter mit Einlegeboden aufsetzen, Lachsfilet darauflegen, mit der Zitronen-Kräuter-Knoblauch-Mischung bestreuen, Varoma verschließen und **20 Min./Varoma/Stufe 1** garen. Varoma vorsichtig öffnen und kontrollieren, ob der Fisch gar ist. Wenn nötig, weitere **2-5 Min./Varoma/Stufe 1** garen. Varoma zur Seite stellen und Lachs abkühlen lassen. Gareinsatz mit dem Spatel entnehmen, Quinoa in eine große Salatschüssel geben und abkühlen lassen. Mixtopf spülen.
4. Paprika, Zwiebeln, Gurke, 100 g Feta, die restlichen Kräuter, Dijonsenf, Essig, die restlichen 30 g Olivenöl, ½ TL Salz und Pfeffer in den Mixtopf geben, **5 Sek./Stufe 4** zerkleinern und mit dem Spatel nach unten schieben.
5. Tomaten und Avocado zugeben, **10 Sek./↺/Stufe 2** vermischen und zum gegarten Quinoa in die Schüssel geben. Gegarten Lachs mithilfe des Spatels in mundgerechte Stücke teilen und ebenfalls in die Salatschüssel geben. Grünkohl zugeben und vorsichtig unterheben. Salat mit Kürbiskernen, Cranberrys und 50 g Feta bestreuen und kalt servieren.

30 Min. | 50 Min. | mittel | 6 Portionen

Pro Portion: Eiweiß 29 g
Kohlenhydrate 19 g/Fett 37 g
Brennwert 2238 kJ/534 kcal

RUSSISCHER ROTE-BETE-SALAT

Wir haben den russischen Klassiker etwas modernisiert und stellen ihn hier mit einer Vinaigrette vor. Auch hier kochen Sie wieder auf allen Ebenen, so dass die Zubereitung wenig Zeit erfordert. Und während die Zutaten fertig garen, können Sie ein Buch lesen. Vielleicht „Anna Karenina"?

ZUTATEN

150 g Cornichons, in Stücken (3-4 cm)
150 g Möhren, in Stücken (3-4 cm)
350 g Rote Bete, roh, in Stücken (3-4 cm)
500 g Wasser
250 g Kartoffeln, in kleinen Stücken (ca. 1 cm)
100 g gefrorene, grüne Erbsen
100 g Sauerkraut, konserviert (optional)
50 g Frühlingszwiebeln, in dünnen Ringen
2-3 Stängel frischer Dill und etwas mehr zum Garnieren
60 g Öl
20 g Weißweinessig (optional)
1 TL Salz

NÜTZLICHES ZUBEHÖR

große Salatschüssel

ZUBEREITUNG

1. Cornichons in den Mixtopf geben, **4 Sek./Stufe 4** zerkleinern und in eine große Salatschüssel umfüllen.
2. Möhren in den Mixtopf geben, **5 Sek./Stufe 4.5** zerkleinern (die Stücke sollten maximal 1 cm groß sein), auf den Varoma-Einlegeboden verteilen und zur Seite stellen.
3. Rote Beete in den Mixtopf geben, **5 Sek./Stufe 4.5** zerkleinern und in den Gareinsatz umfüllen.
4. Wasser in den Mixtopf geben, Gareinsatz einhängen, Varoma-Behälter aufsetzen, Kartoffeln und gefrorene Erbsen hineingeben, Einlegeboden einsetzen, Varoma verschließen und **27 Min./Varoma/Stufe 1** dampfgaren.
5. Varoma abnehmen, Varoma-Behälter und Einlegeboden zum Abkühlen (ca. 20 Min.) einzeln zur Seite stellen. Gareinsatz mit dem Spatel entnehmen und zum Abtropfen und Abkühlen auf einen tiefen Teller stellen (siehe Tipp). In dieser Zeit den Mixtopf leeren, Salatschüssel mit den Cornichons auf den Mixtopfdeckel stellen und Sauerkraut und Frühlingszwiebeln einwiegen.
6. Abgekühltes Gemüse aus Varoma und Gareinsatz in die Salatschüssel zugeben und zur Seite stellen.
7. Dill, Öl, Essig und Salz in den Mixtopf geben, **30 Sek./Stufe 6** vermischen, in die Salatschüssel geben und vermischen. Salat abschmecken, mit Dill garnieren und sofort servieren oder bis zum späteren Servieren kühl stellen.

Fortsetzung auf Seite **74** ▶

20 Min. | 1 Std. 10 Min. | einfach | 8 Portionen | *Pro Portion:* Eiweiß 3 g, Kohlenhydrate 13 g/Fett 8 g, Brennwert 583 kJ/139 kcal

► Russischer Rote-Bete-Salat, Fortsetzung

TIPPS

- Wenn mal die Zeit zum Abkühlen fehlt, einfach im 5. Schritt kaltes Wasser über das Gemüse im Varoma-Behälter, Einlegeboden und Gareinsatz laufen lassen.
- Typisch russisch schmeckt der Salat, wenn man auf den Essig verzichtet.

VARIANTEN

- Eine cremige Salatvariante in Pink erhalten Sie, wenn Sie anstelle des Dressings (7. Schritt) saure Sahne oder Mayonnaise (Menge nach Bedarf) zum abgekühlten Gemüse geben, vorsichtig verrühren und nach Geschmack würzen. Mit gehacktem Dill garnieren.
- Gefrorene Erbsen können durch gut abgetropfte Erbsen aus der Dose ersetzt werden. Ein Garen im 4. Schritt ist dann nicht nötig. Die abgetropften Erbsen werden im 5. Schritt in die Schüssel zugegeben.

ZIEGENKÄSE-SOUFFLÉ, JOGHURTSAUCE UND PORREE

So klein und fein machen sich die Soufflés großartig als Vorspeise oder leichtes Mittagessen. Dazu gibt es Porree und eine Joghurtsauce mit frischen Kräutern, die toll zum Ziegenkäse passen. Wem Ziegenkäse zu intensiv schmeckt, kann auch andere Frischkäsesorten probieren.

ZUTATEN

Ziegenkäse-Soufflé und Porree

Butter zum Einfetten
40 Mehl und etwas mehr zum Bemehlen
130 g Milch
140 g Ziegenfrischkäse
½ TL Salz
2 Eier, getrennt
500 g Wasser
300 g Porreestangen, nur die weißen Teile, in Ringen (5 mm)
50 g rote Paprikaschote, gewürfelt (1 cm)

Joghurtsauce

60 g Ziegenfrischkäse
125 g Naturjoghurt
6 Stängel frischer Schnittlauch, in Röllchen
2-3 Prisen Salz
2 Prisen Pfeffer, nach Geschmack

NÜTZLICHES ZUBEHÖR

4 Souffléförmchen (ca. Ø 9 cm, 5 cm hoch)

ZUBEREITUNG

Ziegenkäse-Soufflé und Porree

1. 4 Souffléförmchen (Ø ca. 9 cm, 5 cm hoch) einfetten und bemehlen und zur Seite stellen.
2. Milch, Ziegenfrischkäse, Mehl und Salz in den Mixtopf geben **30 Sek./Stufe 5** vermischen.
3. Eigelb zugeben, **30 Sek./Stufe 4** mischen und in eine Schüssel umfüllen. Mixtopf und Deckel gründlich spülen.
4. **Rühraufsatz einsetzen.** Eiweiß in den Mixtopf geben und **2 Min./Stufe 3** steif schlagen.
5. Käse-Eigelb-Mischung zugeben und **30 Sek./Stufe 1.5** vermischen. **Rühraufsatz entfernen.** Souffléemischung in die vorbereiteten Förmchen geben, in den Varoma-Behälter setzen und zur Seite stellen. Mixtopf spülen.
6. Wasser in den Mixtopf geben, Gareinsatz einhängen, Porree und Paprikawürfel einwiegen. Varoma mit den Förmchen aufsetzen und **18 Min./Varoma/Stufe 1** dampfgaren. Den verschlossenen Varoma zum Warmhalten auf einen Teller stellen. Gareinsatz mit dem Spatel entnehmen und zur Seite stellen. Mixtopf leeren und spülen.

Fortsetzung auf Seite **76** ▶

30 Min. | 45 Min. | einfach | 4 Portionen

Pro Portion: Eiweiß 13 g
Kohlenhydrate 18 g/Fett 14 g
Brennwert 1089 kJ/260 kcal

▶ Ziegenkäse-Soufflé, Joghurtsauce und Porree, Fortsetzung

Joghurtsauce

7. Ziegenfrischkäse, Joghurt, Schnittlauch, Salz und Pfeffer in den Mixtopf geben, **30 Sek./Stufe 4** vermischen und abschmecken.
8. Soufflés aus den Förmchen nehmen. Dazu mit einem kleinen Messer am inneren Rand entlang fahren. Dann ein kleines Tellerchen auf jedes Förmchen legen, Soufflé stürzen und bei Bedarf vorsichtig mit dem Messer nachhelfen. Gegarten Porree und Paprika um die Soufflés verteilen, mit der Sauce beträufeln und heiß servieren.

VARIANTEN

- Die Soufflés können auch kalt als Vorspeise mit grünem Blattsalat und Tomatenwürfeln serviert werden.
- Ein noch kräftigeres Aroma bekommen die Soufflés, wenn der Ziegenkäse durch 90 g Blauschimmelkäse (z.B. Gorgonzola) ersetzt wird.

5. Schritt

8. Schritt

CHAWAN MUSHI – JAPANISCHER EIERSTICH MIT GARNELEN

ZUTATEN

6 Eier
800 g Wasser
½ TL Salz
½ TL Dashi-Pulver, instant (siehe Varianten)
2 TL Sojasauce
1 Prise Pfeffer
100 g Schweinehackfleisch (optional)
30 g Shiitakepilze, frisch, in Scheiben, oder andere kleine Pilze, in Scheiben
6 Garnelen, roh, mittelgroß, geschält, oder 6 Surimi, in Stücken
30 gefrorene, grüne Erbsen (ca. 25 g)

NÜTZLICHES ZUBEHÖR

6 Keramik-Auflaufförmchen (ca. Ø 8 cm, 4,5 cm hoch)
Backpapier

In Japan wird dieses Gericht sowohl in Restaurants als auch zu Hause gern serviert. Sie können es als Vorspeise oder, ähnlich wie spanische Tapas, als Teil von mehreren kleineren Hauptgerichten servieren. Probieren Sie es einmal gekühlt an einem heißen Sommertag.

ZUBEREITUNG

1. Eier, 300 g Wasser, Salz, Dashi-Pulver, Sojasauce, Pfeffer und Hackfleisch in den Mixtopf geben, **20 Sek./Stufe 2.5** vermischen und in 6 Keramik-Förmchen (Ø ca. 8 cm, 4,5 cm hoch) bis 1 cm unter den Rand füllen. Mixtopf spülen.
2. 500 g Wasser in den Mixtopf geben. 3 gefüllte Keramikförmchen in den Varoma-Behälter stellen und locker mit 1 Stück Backpapier abdecken. Varoma-Einlegeboden einsetzen, die restlichen 3 Keramikförmchen daraufsetzen und ebenfalls mit Backpapier abdecken. Varoma aufsetzen und **12 Min./Varoma/Stufe 1** dampfgaren.
3. Vorsichtig den Varoma-Deckel und den Einlegeboden abnehmen, das Backpapier anheben und die Pilze, jeweils 1 Garnele und 5 Erbsen auf die Förmchen mit der Eiermischung verteilen. Backpapier wieder auflegen, Einlegeboden einsetzen, Varoma verschließen und weitere **10 Min./Varoma/Stufe 1** garen. Heiß in den Förmchen servieren.

TIPP

- Sie können jede hitzebeständige Tasse oder kleine Schüssel ähnlicher Größe verwenden. Haben Ihre Schüsselchen eine andere Größe oder sind sie nicht aus Keramik, kann es sein, dass Sie die Garzeit etwas anpassen müssen. Kennen Sie einmal die korrekte Garzeit für Ihr Geschirr, notieren Sie diese gleich für das nächste Mal.

VARIANTE

- Dashi-Pulver oder japanische Instantbrühe verleiht dem Chawan Mushi sein typisches Aroma. Sie können das Dashi-Pulver auch durch ½ TL selbst gemachte Gewürzpaste für Hühner- oder Gemüsebrühe ersetzen. Lösen Sie die Paste dann in etwas Wasser auf, bevor sie im 1. Schritt zugegeben wird, und reduzieren Sie das Salz auf ¼ TL. Oder lassen Sie das Dashi-Pulver weg und geben im 1. Schritt anstelle des Wassers 300 g Brühe zu. Oder Sie lassen das Dashi-Pulver einfach ganz weg; so kommt der Eigeschmack stärker durch, was auch sehr lecker ist.

10 Min. | 35 Min. | einfach | 6 Portionen

Pro Portion: Eiweiß 12 g
Kohlenhydrate 2 g/Fett 9 g
Brennwert 576 kJ/138 kcal

HÄHNCHEN-GALANTINE MIT DILL-JOGHURT-SAUCE

ZUTATEN

Hähnchen-Galantine

150 g Paprikaschoten, gemischt (z. B. rot, grün, gelb), in Stücken
300 g Hähnchenbrust, ohne Haut und Knochen, in Stücken (3-4 cm)
300 g Fleisch vom Hähnchenschenkel, ohne Haut und Knochen (von ca. 500 g Hähnchenschenkeln), in Stücken
1 Prise Pfeffer
2 TL Gemüsesalz, selbst gemacht, oder 1 TL Salz und 1 TL getrocknete, gemischte Kräuter
500 g Wasser

Dill-Joghurt-Sauce

10-15 Stängel frischer Dill, abgezupft
1 Knoblauchzehe
300 g Naturjoghurt
50 g Mayonnaise
2 Prisen Salz

NÜTZLICHES ZUBEHÖR

hitzebeständige Frischhaltefolie

Hähnchen-Galantine mit der erfrischenden Dill-Joghurt-Sauce kann als Hauptgericht mit Salat, zum Picknick oder Buffet gereicht werden. Diesem selbst gemachten Aufschnitt können Sie natürlich auch Gewürze nach persönlichem Geschmack zufügen.

ZUBEREITUNG

Hähnchen-Galantine

1. Paprikaschoten in den Mixtopf geben, **3 Sek./Stufe 5** zerkleinern, im Gareinsatz abtropfen lassen und in eine mittelgroße Schüssel geben.
2. Hähnchenbrust in den Mixtopf geben, **10 Sek./Stufe 7** hacken und zur zerkleinerten Paprika geben.
3. Fleisch von den Hähnchenschenkeln in den Mixtopf geben und **10 Sek./Stufe 7** hacken.
4. Pfeffer, Gemüsesalz und gehackte Hähnchenbrust mit Paprikaschoten in den Mixtopf zugeben und **10 Sek./Stufe 3** vermischen.
5. Fleischmischung halbieren und in Zylinderform auf 2 lange Stücke hitzebeständige Frischhaltefolie (je 30 cm x 60 cm) legen, einwickeln und zu einer Wurst formen. Die Enden der Frischhaltefolie fest verschließen und beide Würste in den Varoma-Behälter legen.
6. Wasser in den Mixtopf geben, Varoma aufsetzen und **30 Min./Varoma/Stufe 1** dampfgaren. Varoma zur Seite stellen, Mixtopf spülen, Galantine erst 30 Minuten abkühlen lassen, dann 2 Stunden in den Kühlschrank legen.

Dill-Joghurt-Sauce

7. Dill und Knoblauch in den Mixtopf geben und **4 Sek./Stufe 7** zerkleinern.
8. Joghurt, Mayonnaise und Salz zugeben, **10 Sek./Stufe 4** vermischen und in eine Schüssel umfüllen. Galantine-Rollen auswickeln, in Scheiben schneiden (1 cm) und kalt mit der Sauce servieren.

TIPP

• Hähnchen-Galantine als Aufschnitt auf Brot mit der Sauce genießen.

25 Min. | 3 Std. 25 Min. | mittel | 40 Scheiben | *Pro Scheibe:* Eiweiß 4 g, Kohlenhydrate 1 g/Fett 2 g, Brennwert 140 kJ/34 kcal

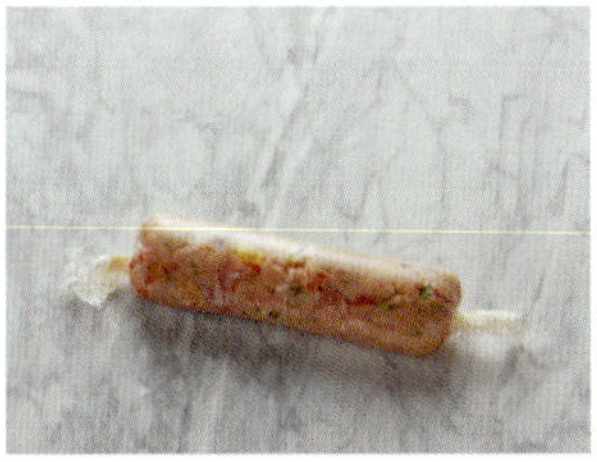

5. Schritt

SUPPEN

SPINAT-KARTOFFEL-SUPPE MIT EIERSTICH

Die klassische deutsche Hochzeitssuppe wird traditionell mit Eierstich serviert. Mit Eierstich können Sie jede beliebige Suppe bereichern. Er macht sie gehaltvoller und Kinder freuen sich meistens über die zusätzliche Suppeneinlage. Diese Suppe können Sie als Vorspeise oder leichtes Hauptgericht servieren.

ZUTATEN

Eierstich
4 Eier
100 g Milch
½ TL Salz
1-2 Prisen Muskat

Spinat-Kartoffel-Suppe
80 g Zwiebeln, halbiert
20 g Öl
40 g Knollensellerie
100 g Möhren, in Stücken (2 cm)
200-250 g Kartoffeln, in Stücken (2 cm)
80 g Porreestangen, in Ringen (1 cm)
800 g Wasser
1 geh. TL Gewürzpaste für Gemüsebrühe, selbst gemacht, oder 1 Würfel Gemüsebrühe für 0,5 l Wasser
¼ TL Muskat
1 TL Salz und etwas mehr nach Geschmack
¼ TL Pfeffer und etwas mehr nach Geschmack
250 g frischer Blattspinat oder Blattspinat TK, aufgetaut
80 g Sahne

NÜTZLICHES ZUBEHÖR
Backpapier

ZUBEREITUNG

Eierstich
1. Varoma-Einlegeboden mit einem feuchten Backpapier, das groß genug ist, damit es an den Rändern 2 cm hochsteht, auslegen.
2. Eier, Milch, Salz und Muskat in den Mixtopf geben, **10 Sek./Stufe 4** mischen und auf das Backpapier auf dem Einlegeboden gießen. Einlegeboden in den Varoma-Behälter einsetzen und zur Seite stellen. Mixtopf spülen.

Spinat-Kartoffel-Suppe
3. Zwiebeln in den Mixtopf geben, **3 Sek./Stufe 5** zerkleinern und mit dem Spatel nach unten schieben.
4. Öl zugeben und **3 Min./120°C/Stufe 1** dünsten.
5. Knollensellerie, Möhren, Kartoffeln und Porree zugeben und **4 Sek./Stufe 5** zerkleinern.
6. Wasser, Gewürzpaste, Muskat, Salz und Pfeffer zugeben, Varoma aufsetzen, **20 Min./Varoma/Stufe 1** garen und Varoma zur Seite stellen.
7. Spinat und Sahne in den Mixtopf zugeben, erst **3 Min./100°C/Stufe 2** kochen, dann **30 Sek./Stufe 10** pürieren und abschmecken.
8. Eierstich mit dem Spatel in Rauten schneiden. Suppe in 6 Suppenteller umfüllen, Eierstich darauflegen und heiß servieren.

VARIANTEN
- Anstelle des Eierstichs können auch kleine Hackfleischbällchen oder gewürfeltes Kasseler im Varoma als Einlage für die Spinat-Kartoffel-Suppe gegart werden.
- Eierstich eignet sich auch als Suppeneinlage für jede klare Brühe.

20 Min. | 45 Min. | einfach | 6 Portionen

Pro Portion: Eiweiß 8 g
Kohlenhydrate 11 g/Fett 12 g
Brennwert 797 kJ/191 kcal

2. Schritt

8. Schritt

ROTE-BETE-SUPPE MIT KRÄUTER-GRIESS-KLÖSSCHEN

ZUTATEN

Kräuter-Grieß-Klößchen

10-15 g gemischte, frische Kräuter (z. B. Basilikum, Petersilie, Bärlauch, Schnittlauch, gemischte Kräuter mit weichen Blättern), abgezupft
200 g Milch
60 g Butter, in Stücken, und etwas mehr zum Einfetten
¾ TL Salz
¼ TL Muskat (optional)
150 g Grieß (Weich- oder Hartweizengrieß)
1 Ei

Rote-Bete-Suppe

500 g Rote Bete, roh, geschält, in Stücken, oder gegart, in Stücken
700 g Wasser
150 g Weißwein
2 geh. TL Gewürzpaste für Gemüsebrühe, selbst gemacht, oder 2 Würfel Gemüsebrühe für je 0,5 l Wasser
25 g Mehl
½-1 TL Salz
2 Prisen Muskat
1 Prise Pfeffer
100 g Sahne
1 EL Weißweinessig (optional)

Auch wenn Rote Bete nicht zu Ihrem Lieblingsgemüse zählt, lohnt es sich dennoch, diese Suppe auszuprobieren. Die Kräuter-Grieß-Klößchen sind eine tolle Einlage, die Sie immer wieder variieren können, je nachdem, welche Kräuter gerade verfügbar sind. Für zusätzliche Schärfe schmecken Sie den Klößchenteig mit Wasabi ab.

ZUBEREITUNG

Kräuter-Grieß-Klößchen

1. Kräuter in den Mixtopf geben, **5 Sek./Stufe 8** zerkleinern und umfüllen.
2. Milch, Butter, Salz und Muskat in den Mixtopf geben und **3 Min./80°C/Stufe 1** erhitzen.
3. Grieß zugeben und **2 Min. 30 Sek./100°C/Stufe 3** kochen. Mixtopf aus dem Gerät nehmen und die Grießmischung 10 Minuten abkühlen lassen. In dieser Zeit Varoma-Behälter und Einlegeboden einfetten.
4. Mixtopf wieder in das Gerät setzen, Ei und gehackte Kräuter in den Mixtopf zugeben, **15 Sek./Stufe 3** vermischen und in eine Schüssel umfüllen. Mit feuchten Händen oder 2 Teelöffeln 30 Klößchen formen (Ø ca. 2,5 cm), in den Varoma-Behälter und Einlegeboden verteilen und zur Seite stellen.

Rote-Bete-Suppe

5. Rote Bete in den Mixtopf geben und **3 Sek./Stufe 4.5** zerkleinern.
6. Wasser, Weißwein, Gewürzpaste, Mehl, Salz, Muskat und Pfeffer zugeben **5 Sek./Stufe 3** vermischen.
7. Varoma mit Einlegeboden aufsetzen und **25 Min./Varoma/Stufe 2** garen.
8. Varoma zur Seite stellen. Sahne und Weißweinessig in den Mixtopf zugeben, Messbecher einsetzen und **1 Min. 30 Sek./Stufe 5-10, schrittweise ansteigend** pürieren. Suppe abschmecken, in 6 Suppenschüsselchen gießen, Kräuter-Grieß-Klößchen hineinlegen und heiß servieren.

35 Min. | 1 Std. 10 Min. | mittel | 6 Portionen

Pro Portion: Eiweiß 7 g
Kohlenhydrate 30 g/Fett 17 g
Brennwert 1386 kJ/331 kcal

4. Schritt

TIPP

- Soll die Suppe stärker gebunden sein, geben Sie im 8. Schritt nach dem Pürieren etwas Mehlbutter (je 5-10 g Mehl und Butter in einem Schüsselchen miteinander verknetet) zu und kochen Sie dies **2 Min./95°C/Stufe 2**.

VARIANTEN

- **Wasabi-Klößchen:** Gehackte Kräuter durch 30-40 g Wasabi-Paste ersetzen.
- **Meerrettich-Klößchen:** Die Klößchenmischung mit nur 180 g Milch zubereiten und zum Schluss die Kräuter durch 80 g geriebenen Meerrettich aus dem Glas ersetzen.

GURKENCREMESUPPE MIT GARNELENSPIESSCHEN

Servieren Sie Gurken zur Abwechslung mal nicht als Salat, sondern als Suppe. Für eine cremige weiße Suppe sollten Sie die Gurken schälen, für eine zart grüne Farbe lassen Sie die Schale dran. Die Garnelenspießchen geben dieser Suppe einen eleganten Anstrich.

ZUTATEN

40 g Olivenöl
2 EL Zitronensaft
½ TL Salz
24 Garnelen, roh, geschält und entdarmt
80 g Zwiebeln, halbiert
2 Knoblauchzehen
500 g Gurken, vorzugsweise ungeschält, in Stücken
1 Zitrone, in Scheiben, jede Scheibe geviertelt
500 g Wasser
1 geh. TL Gewürzpaste für Gemüsebrühe, selbst gemacht, oder 1 Würfel Gemüsebrühe für 0,5 l Wasser
¼ TL Pfeffer
200 g Milch
40 g Mehl
2 EL frischer Dill, gehackt (optional)

NÜTZLICHES ZUBEHÖR

6 Holzspieße

ZUBEREITUNG

1. Olivenöl, 1 EL Zitronensaft und Salz in den Mixtopf geben und **3 Sek./Stufe 3** zu einer Marinade verrühren.
2. Garnelen in eine Schüssel geben, 2 EL Marinade darübergeben und 10 Minuten marinieren lassen, während die Suppe zubereitet wird.
3. Zwiebeln und Knoblauch zur restlichen Marinade in den Mixtopf geben, **3 Sek./Stufe 5** zerkleinern und mit dem Spatel nach unten schieben.
4. Dann **2 Min./120°C/Stufe 1** dünsten.
5. Salatgurke zugeben, **4 Sek./Stufe 5** zerkleinern und **6 Min./120°C/Stufe 1** dünsten. In dieser Zeit die Garnelen abwechselnd mit den geviertelten Zitronenscheiben auf 6 Holzspießchen stecken und in den Varoma-Behälter legen.
6. Wasser, Gewürzpaste für Gemüsebrühe, Pfeffer und die restliche Marinade vom Marinieren der Garnelen in den Mixtopf zugeben, Varoma aufsetzen und **10 Min./Varoma/Stufe 1** garen. Varoma zur Seite stellen.
7. Milch, Mehl und 1 EL Zitronensaft in den Mixtopf zugeben und **30 Sek./Stufe 5-9 schrittweise ansteigend** pürieren. Messbecher abnehmen, Varoma wieder aufsetzen und **2 Min./100°C/Stufe 3** aufkochen. Varoma zur Seite stellen.
8. Dill in den Mixtopf zugeben, abschmecken und **30 Sek./Stufe 5-9 schrittweise ansteigend** aufschäumen. Gurkensuppe in 6 Suppentassen füllen, jeweils ein Garnelenspießchen darauf platzieren und heiß servieren.

Fortsetzung auf Seite **90** ▶

25 Min. | 35 Min. | einfach | 6 Portionen

Pro Portion: Eiweiß 12 g
Kohlenhydrate 10 g/Fett 9 g
Brennwert 733 kJ/175 kcal

► Gurkencremesuppe mit Garnelenspießchen, Fortsetzung

TIPPS

- Gefrorene Garnelen sollten vor dem Marinieren auftauen.
- Wenn die Gurke nicht geschält wird, erhält die Suppe besonders viel Aroma und eine schöne Farbe.
- Lange Holzspießchen auf Varomagröße kürzen.
- An heißen Tagen kann diese Suppe auch als kalte Suppe gereicht werden. Besonders sommerlich schmeckt sie, wenn Dill durch frische Minze oder Koriander ersetzt wird.

VARIANTEN

- Zum Binden können Sie anstelle des Mehls 150 g gekochte Kartoffelstücke zur Suppe geben.
- Ersetzen Sie die Milch durch Sahne oder nehmen Sie eine 1:1-Mischung aus Sahne und Milch.
- Für vegetarische Spießchen ersetzen Sie die Zitrone durch Cherry-Tomaten und die Garnelen durch eine oder mehrere der folgenden Zutaten: kleine Pilze (Ø 3 cm), Feta-Würfel oder Tofu-Würfel, die mit Sojasauce mariniert wurden.
- Die Suppe können Sie auch mit einem Schuss trockenen Weißwein abschmecken.

HÜHNERBRÜHE MIT SEMMELKLÖSSCHEN

Hühnersuppe ist der Seelentröster schlechthin. Egal, ob als Geheimwaffe gegen die anrückende Erkältung oder als leichtes sommerliches Mittagessen – diese Suppe passt immer. Die Klöße können auch mit anderen Suppen serviert werden oder sogar als eigenständige Beilage – sie sind perfekt, um Saucen aufzunehmen.

ZUTATEN

40 g Parmesan, in Stücken (2-3 cm)
250 g Brötchen, vom Vortag, in Stücken (2-3 cm), oder 250 g Weißbrot, 2-3 Tage alt, in Stücken (2-3 cm)
80 g Zwiebeln, halbiert
6 Stängel Blattpetersilie, frisch, Stiele und Blätter
25 g Butter
200 g Milch
3 Eier
2 TL Salz
2 Prisen Pfeffer
2 Prisen Muskat
1000 g Wasser
4-6 Hähnchenflügel (ca. 600 g)
200 g gemischtes Gemüse (z. B. Möhren, Zwiebeln, Sellerie), in Stücken (2-3 cm)

NÜTZLICHES ZUBEHÖR

feinmaschiges Küchensieb

6. Schritt

ZUBEREITUNG

1. Parmesan in den Mixtopf geben, **10 Sek./Stufe 10** zerkleinern und in eine Schüssel umfüllen.
2. Brötchen in den Mixtopf geben, mithilfe des Spatels **6 Sek./Stufe 5** grob zerkleinern und in eine weitere Schüssel umfüllen.
3. Zwiebeln und abgezupfte Petersilienblätter (Stiele aufheben) in den Mixtopf geben, **5 Sek./Stufe 5** zerkleinern und mit dem Spatel nach unten schieben.
4. Butter zugeben und **3 Min./120°C/Stufe 1** dünsten.
5. Milch zugeben und **2 Min./60°C/Stufe 1** erwärmen.
6. Zerkleinertes Brot, Eier, 1 TL Salz, Pfeffer und Muskat zugeben, **15 Sek./↺/Stufe 3** vermischen und mit dem Spatel nach unten schieben. Dann weitere **15 Sek./↺/Stufe 3** vermischen und in eine Schüssel umfüllen. Mit feuchten Händen 30 Klößchen (Ø 4 cm) formen und in Varoma-Behälter und Einlegeboden verteilen. Mixtopf spülen.
7. Wasser, Hähnchenflügel, gemischtes Gemüse, Petersilienstiele und 1 TL Salz in den Mixtopf geben, Varoma aufsetzen und **30 Min./Varoma/↺/Stufe 🥄** garen. Varoma absetzen und Semmelklößchen auf 4 Suppenschüsselchen verteilen. Brühe durch ein feinmaschiges Küchensieb über die Klößchen geben und heiß servieren. Den zerkleinerten Parmesan dazu reichen.

Fortsetzung auf Seite **92** ▶

35 Min. | 1 Std. 5 Min. | mittel | 4 4 Portionen

Pro Portion: Eiweiß 24 g
Kohlenhydrate 40 g/Fett 27 g
Brennwert 2118 kJ/506 kcal

▶ Hühnerbrühe mit Semmelklößchen, Fortsetzung

TIPPS

- Die altbackenen Brötchen oder das Weißbrot sollten mindestens 1 Tag alt sein, aber noch nicht komplett trocken.
- Wenn die Brühe im 7. Schritt gesiebt wurde, die Hähnchenflügel etwas abkühlen lassen. Das Fleisch von den Knochen lösen, die Haut entfernen und das Fleisch in die Suppe geben oder für eine andere Verwendung aufbewahren.

VARIANTEN

- Die Brühe schmeckt sehr lecker nach Hühnchen. Soll sie intensiver schmecken, geben Sie im 7. Schritt zusätzliches Gemüse oder Fleisch (z. B. Geflügel, Rind, Kalb) zu.
- Muss es mal schnell und einfach gehen, ersetzen Sie die Hähnchenflügel durch 2 geh. TL selbst gemachte Gewürzpaste für Hühnerbrühe oder 2 Würfel Hühnerbrühe (für je 0,5 l).
- Geben Sie im 4. Schritt 120 g Schinken- oder Speckwürfel zu den Semmelklößchen.

NUDEL- UND REISGERICHTE

PENNE MIT MUSCHELN

Die Garmethode der Nudeln haben wir abgeschaut vom klassischen Risotto: Die Nudeln saugen die Flüssigkeit der Muscheln auf und geben gleichzeitig Stärke an die Sauce ab, die so cremiger wird. Wer möchte, gibt noch ein wenig Chili hinzu.

ZUTATEN

4-5 Stängel Blattpetersilie, frisch, abgezupft, oder 4-5 Stängel Koriander, abgezupft
250 g Wasser und etwas mehr zum Ergänzen der Garflüssigkeit
1000 g Miesmuscheln, frisch, gesäubert
30 g natives Olivenöl und etwas mehr zum Beträufeln
30 g Schalotten, halbiert
3 Knoblauchzehen
1 rote Chilischote, frisch, klein, entkernt (optional) oder ⅓ TL Chiliflocken, getrocknet (optional)
50 g Weißwein, trocken (optional)
120 g Cherry-Tomaten, halbiert
40-50 g Tomatenmark
1 Prise Salz
350 g Penne oder ähnliche kurze, trockene Nudeln

NÜTZLICHES ZUBEHÖR

Sieb, feinmaschig

ZUBEREITUNG

1. Blattpetersilie in den Mixtopf geben, **3 Sek./Stufe 7** zerkleinern und umfüllen.
2. Wasser in den Mixtopf geben, Muscheln kontrollieren, ggf. säubern und in den Varoma-Behälter geben, Varoma aufsetzen und **15 Min./Varoma/Stufe 1** dampfgaren. Varoma abnehmen und prüfen, ob sich alle Muscheln geöffnet haben. Falls nicht, die geöffneten Muscheln in eine Schüssel geben und den Varoma erneut aufsetzen und weitere **5-10 Min./Varoma/Stufe 1** dampfgaren. Varoma abnehmen. Muscheln, die sich immer noch nicht geöffnet haben, entsorgen und die geöffneten Muscheln zu den anderen offenen Muscheln in die Schüssel geben. Die Garflüssigkeit durch ein feines Sieb in eine andere Schüssel gießen und zur Seite stellen.
3. Olivenöl, Schalotten, Knoblauch und Chilischote in den Mixtopf geben, **7 Sek./Stufe 5** zerkleinern und mit dem Spatel nach unten schieben.
4. Dann **3 Min./120°C/Stufe 1** dünsten.
5. Weißwein und Cherry-Tomaten zugeben und **2 Min./100°C/Stufe 1** garen.
6. Tomatenmark und 700 g aufgefangene Garflüssigkeit mit Wasser ergänzt zugeben und **7 Min./100°C/Stufe 1** zum Kochen bringen.
7. Salz und Penne zugeben und **Zeit gemäß Packungsangabe/ 100°C/↺/Stufe** ♨ bissfest garen. In dieser Zeit Muscheln aus den offenen Schalen nehmen, dabei aber einige Muscheln zum Garnieren in den Schalen lassen und zur Seite stellen.
8. Penne in eine Servierschüssel umfüllen, gegarte Muscheln zugeben, mit dem Spatel vermischen und mit Olivenöl beträufeln. Mit der gehackten Petersilie und den Muscheln in der Schale garnieren und heiß servieren.

35 Min. | 1 Std. 5 Min. | einfach | 4 Portionen

Pro Portion: Eiweiß 17 g
Kohlenhydrate 65 g/Fett 15 g
Brennwert 2011 kJ/480 kcal

TIPPS

- Frische Muscheln können durch gefrorene Muscheln ersetzt werden, die allerdings vorher auftauen müssen.
- Sie können den Varoma mit den Muscheln auch erst 2-3 Minuten später aufsetzen, wenn schon heißer Dampf aufsteigt.

CHINESISCHE VERMICELLI MIT GARNELEN UND KNOBLAUCHSAUCE

ZUTATEN

200-250 g Vermicelli Glasnudeln (aus Mungobohnen- oder Reismehl)
Wasser, warm, zum Einweichen
70 g Knoblauchzehen
40 g Öl
½ TL Salz (optional)
¼ TL Pfeffer
35 g Zucker
40 g Sojasauce
20 g Reiswein oder Weißwein
700 g Wasser
200-250 g Garnelen, roh, mittelgroß, geschält und entdarmt
200 g breite, grüne Bohnen, frisch
50 g Frühlingszwiebeln, in Ringen (3 mm) oder gekräuselt (siehe Tipp) zum Garnieren

NÜTZLICHES ZUBEHÖR

hitzebeständige, flache Schüssel (Ø 12-14 cm am Boden)

Eine Mahlzeit voller Aromen mit kurzer Zubereitungszeit, klingt das nicht gut? Natürlich sind auch hier den Variationen keine Grenzen gesetzt – frisch gehackte Chili sorgt für Würze, grüne Bohnen statt Erbsen setzen andere Geschmacksnoten. Lassen Sie sich von der Menge des hier verwendeten Knoblauchs nicht irritieren – einmal gekocht gibt er der Sauce eine tolle, hintergründige Note.

ZUBEREITUNG

1. Eine Schüssel auf den Mixtopfdeckel stellen, Glasnudeln einwiegen, mit warmem Wasser bedecken und 30 Minuten einweichen lassen. Glasnudeln zum Abtropfen in den Varoma-Behälter abgießen, in eine flache Schüssel (Ø am Boden 12-14 cm) geben und so in den Varoma-Behälter stellen, dass noch Dampfschlitze frei bleiben und der Dampf zirkulieren kann.
2. Knoblauch und Öl in den Mixtopf geben, **4 Sek./Stufe 5** zerkleinern und dann **3 Min./120°C/Stufe ⟲** dünsten.
3. Salz, Pfeffer, Zucker, Sojasauce, Reiswein und 200 g Wasser zugeben und **4 Min./120°C/Stufe ⟲** garen. In dieser Zeit die Garnelen nebeneinander auf die abgetropften Vermicelli Glasnudeln legen.
4. Knoblauchsauce aus dem Mixtopf gleichmäßig über die Garnelen gießen. 500 g Wasser in den Mixtopf geben, Gareinsatz einhängen und die breiten Bohnen einwiegen. Varoma aufsetzen und **20-25 Min./Varoma/Stufe 1** dampfgaren, bis die Garnelen rosa sind. Varoma abnehmen und Gareinsatz mit dem Spatel entnehmen.
5. Garnelen und Vermicelli mit den Frühlingszwiebeln garnieren und zusammen mit den breiten Bohnen heiß servieren. Beim Servieren die Vermicelli vermischen, bis alles leicht bräunlich ist.

1. Schritt

4. Schritt

20 Min. | 1 Std. 15 Min. | einfach | 4 Portionen

Pro Portion: Eiweiß 16 g
Kohlenhydrate 66 g/Fett 11 g
Brennwert 1832 kJ/438 kcal

TIPPS

- Wenn die flache Schüssel unten einen größeren Durchmesser als 14 cm hat, dann stellen Sie sicher, dass genügend Dampfschlitze im Varoma-Behälter frei bleiben, indem Sie die Schüssel auf ein passendes Gitter stellen, auf 2 kleine Holzstäbchen oder einen großen, durchgebrochenen Holzstab, damit ein Abstand zwischen Schüssel und Varomaboden entsteht.
- In China wird dieses Gericht üblicherweise mit Vermicelli aus Mungobohnenmehl zubereitet, aber Glasnudeln aus Reismehl eignen sich auch sehr gut.
- Um Frühlingszwiebeln zu kräuseln, schneidet man sie in 10 cm lange Stücke, die man dann der Länge nach in dünne Streifen (Juliennes) schneidet. Diese Streifen gibt man ca. 20-30 Minuten in eine Schüssel mit kaltem Wasser und einigen Eiswürfeln, bis sich die Streifen kräuseln.
- Wenn die Garnelen sehr klein (6-7 cm) sind, brauchen sie vor dem Dampfgaren nicht aufzutauen.

CANNELLONI MIT ARTISCHOCKEN UND TOMATENSAUCE

Haben Sie schon einmal Cannelloni im Varoma zubereitet? Ausprobieren lohnt sich, denn der Dampf macht die Nudeln wunderbar zart. Dieses Gericht ist sehr gut wandelbar: In unseren Varianten finden Sie beispielsweise auch eine Version für Fleischliebhaber.

ZUTATEN

140 g Parmesan, in Stücken (2-3 cm)
200 g geräucherter Käse (z. B. geräucherter Scamorza, geräucherter Edamer), in Stücken (4-5 cm)

Füllung

1 Knoblauchzehe
20 g natives Olivenöl und etwas mehr zum Einfetten
300 g frische Artischockenherzen oder aus der Konserve, abgetropft
100 g Weißwein
100 g Ricotta
2 Eier
1 TL Salz
2 Prisen Pfeffer
16 trockene Cannelloni (ca. 180 g)

Tomatensauce

40 g Staudensellerie, in Stücken
30 g Zwiebeln
40 g Möhren, in Stücken
1 Knoblauchzehe
400 g Tomaten, geschält, aus der Dose, oder Tomaten, reif, in Stücken (3-4 cm)
200 g Wasser
1 Prise Zucker
1 TL Salz
1 Prise Pfeffer

NÜTZLICHES ZUBEHÖR

Einmalspritzbeutel oder Gefrierbeutel
Backpinsel

ZUBEREITUNG

1. Parmesan und geräucherten Käse in den Mixtopf geben, **15 Sek./Stufe 10** zerkleinern und umfüllen.

Füllung

2. Knoblauch und Olivenöl in den Mixtopf geben und **3 Min./120°C/Stufe 1** dünsten.
3. Artischocken und Weißwein zugeben und ohne Messbecher **15 Min./100°C/Stufe 1** garen. In dieser Zeit Varoma-Behälter und Einlegeboden einfetten.
4. Messbecher einsetzen, **40 Sek./Stufe 8** pürieren und mit dem Spatel nach unten schieben.
5. Ricotta, 300 g zerkleinerten Käse, Eier, Salz und Pfeffer zugeben, **40 Sek./Stufe 4** vermischen und in einen Einmal-Spritzbeutel oder einen Gefrierbeutel geben und einige Minuten abkühlen lassen.
6. Ein Loch in den Gefrierbeutel schneiden, das so groß ist wie die Öffnung der Cannelloniröhre, und die Füllung in die Röhre drücken. Die gefüllten Cannelloni mit einem kleinen Abstand zueinander in den Varoma-Behälter und Einlegeboden verteilen und die Nudelröhren leicht mit Olivenöl fetten, damit sie nicht aneinander kleben. Mixtopf spülen.

Fortsetzung auf Seite **102** ▶

45 Min. | 1 Std. 35 Min. | mittel | 4 Portionen

Pro Portion: Eiweiß 39 g
Kohlenhydrate 40 g/Fett 39 g
Brennwert 2997 kJ/715 kcal

▶ Cannelloni mit Artischocken und Tomatensauce, Fortsetzung

Tomatensauce

7. Staudensellerie, Zwiebel, Möhre, Knoblauch, Tomaten, Wasser, Zucker, Salz und Pfeffer in den Mixtopf geben und **15 Sek./Stufe 5** zerkleinern.
8. Varoma aufsetzen und **30 Min./Varoma/Stufe 1** garen. Gegarte Cannelloni auf 4 Teller verteilen, mit Tomatensauce bedecken, mit dem restlichen zerkleinerten Käse bestreuen und heiß servieren.

TIPP

- Anstelle von frischen oder konservierten Artischockenherzen können auch gefrorene Artischockenherzen verwendet werden.

VARIANTEN

- **Pilz-Cannelloni:** Artischocken durch 400 g frische Pilze, in Scheiben, ersetzen. Im 3. Schritt Pilze und Weißwein zugeben und ohne Messbecher **15 Min./100°C/Stufe 1** garen. Pilzmischung dann im Gareinsatz abtropfen lassen, zurück in den Mixtopf geben und mit dem 4. Schritt fortfahren.
- Fleischliebhaber geben im 4. Schritt 100 g Pancetta- oder Schinkenwürfel zu.

5. Schritt

6. Schritt

AUBERGINEN-RICOTTA-LASAGNE AUS DEM DAMPF

ZUTATEN

50 g Parmesan, in Stücken
5-10 g Petersilie, ohne Stiele
1-2 Prisen Pfeffer
1100 g Wasser
2 TL Salz
160 g Lasagneplatten
300 g Auberginen, gewürfelt (ca. 1 cm)
1 Knoblauchzehe
50 g Zwiebeln, in Stücken
50 g Möhren, in Stücken
30 g Staudensellerie, in Stücken
30 g natives Olivenöl
500 g passierte Tomaten, konserviert
250 g Ricotta, abgetropft

NÜTZLICHES ZUBEHÖR

rechteckige Schüssel (ca. 23 x 15 x 7 cm)
Backpapier

Zugegeben, eine Lasagne im Dampf zu garen, scheint auf den ersten Blick ungewöhnlich. Wir aber waren begeistert von der feinen Struktur der Pasta, kombiniert mit Auberginensauce und frischem Ricotta. Das Parmesan-Topping wird durch die Petersilie zu einem farblichen Hingucker und ist eine echte Alternative zum normalerweise verwendeten Mozzarella.

ZUBEREITUNG

1. Eine rechteckige Schüssel, die in den Varoma-Behälter passt (ca. 23 x 15 x 7 cm), auswählen (siehe Tipp) und zur Seite stellen. Parmesan, Petersilie und Pfeffer in den Mixtopf geben, **10 Sek./Stufe 10** zerkleinern und 2 TL davon in eine kleine Tasse geben. Den Rest in eine kleine Schüssel umfüllen und beides zur Seite stellen.
2. 500 g Wasser und 1 TL Salz in den Mixtopf geben und **5 Min./100°C/Stufe 1** zum Kochen bringen. Das kochende Wasser in die rechteckige Schüssel gießen und nach und nach die einzelnen Lasagneplatten zum Einweichen in das Wasser legen. In den ersten Minuten der Einweichzeit vorsichtig rühren, damit die Lasagneplatten nicht aneinander kleben. Während des Einweichens die Auberginen würfeln und zur Seite stellen.
3. Knoblauch, Zwiebeln, Möhren, Staudensellerie und natives Olivenöl in den Mixtopf geben, erst **5 Sek./Stufe 6** zerkleinern, dann ohne Messbecher **3 Min./120°C/Stufe 1** dünsten.
4. Auberginenwürfel, 1 TL Salz und passierte Tomaten zugeben und **15 Min./Varoma/⟲/Stufe 1** garen.
5. Lasagneplatten zum Abtropfen in den Varoma-Behälter gießen. Den Boden der vorbereiteten rechteckigen Schüssel mit einer dünnen Lage Auberginenragout bedecken. Eine Lage Lasagneplatten darüberlegen und diese mit einer dünnen Lage Ragout bedecken, mit ⅓ der Parmesan-Petersilien-Mischung aus dem Schüsselchen bestreuen und 4-5 geh. TL Ricotta daraufgeben, ohne dies zu verstreichen. So fortfahren, bis 4 Nudellagen entstanden sind. Mit einer Lage Auberginen-Ragout abschließen. Die Lasagneschüssel mit einem feuchten Backpapier bedecken und in den Varoma-Behälter stellen.

Fortsetzung auf Seite **104** ▶

35 Min. | 1 Std. 25 Min. | mittel | 3 Portionen

Pro Portion: Eiweiß 24 g
Kohlenhydrate 48 g/Fett 29 g
Brennwert 2352 kJ/561 kcal

► Auberginen-Ricotta-Lasagne aus dem Dampf, Fortsetzung

6. 600 g Wasser in den Mixtopf geben, Varoma aufsetzen und **30 Min./Varoma/Stufe 1** dampfgaren. Varoma absetzen, Backpapier entfernen, Lasagne mit der Parmesan-Petersilien-Mischung aus der kleinen Tasse bestreuen, in Quadrate schneiden und heiß servieren.

TIPP

- Wählen Sie eine rechteckige oder ovale Form (Keramik, hitzebeständiger Kunststoff, etc.), die in den Varoma-Behälter passt und noch einige Dampfschlitze frei lässt, damit der Dampf zirkulieren kann. Eine Einmal-Aluform kann man evtl. etwas zusammenfalten, falls sie zu groß sein sollte. Oder nutzen Sie den Varoma-Einlegeboden für die Lasagne (siehe Varianten).

VARIANTEN

- 1 TL geriebene Zitronenschale unter den Ricotta mischen, bevor er im 5. Schritt verwendet wird.
- **Artischocken-Lasagne:** die Auberginen durch in Scheiben geschnittene Artischockenherzen (frisch oder aufgetaut) ersetzen.
- **Zucchini-Lasagne:** die Auberginen durch Zucchinischeiben ersetzen.
- Falls kein passender Behälter für die Lasagne vorhanden ist, kann sie auch auf dem Varoma-Einlegeboden gegart werden: den Einlegeboden mit einem großen Stück Backpapier (ca. 40 x 35 cm) auslegen, das an den Ecken überhängt. Die Lasagne wie im Rezept beschrieben schichten und das überhängende Backpapier anschließend über der Lasagne zusammenfalten. Einlegeboden in den Varoma-Behälter einsetzen und wie im Rezept im 6. Schritt beschrieben fortfahren. Zum Schluss die Lasagne in Portionen schneiden, auf 3 Teller geben und servieren.

5. Schritt

MEDITERRANER MEERESFRÜCHTE-REIS MIT CHORIZO

ZUTATEN

400 g Miesmuscheln, frisch, gesäubert und entbartet
160 g Zwiebeln, halbiert
2 Knoblauchzehen
40 g Olivenöl
200 g Tintenfischringe, roh
200 g Paprikaschoten, gemischt (z. B. rot, grün), in Stücken (3 cm)
50 g scharfe Chorizo, in dünnen Scheiben
400 g Tomaten, geschält, aus der Dose, einschließlich Flüssigkeit, grob geschnitten
1½ TL Salz
2 Prisen Safranfäden (0,1 g)
200 g Wasser
½ TL Gewürzpaste für Hühnerbrühe, selbst gemacht, oder ½ Würfel Hühnerbrühe für je 0,5 l Wasser
350 g Rundkornreis, 13 Minuten Garzeit (siehe Tipp)
50 g Garnelen, roh, geschält
1 Zitrone, in Spalten (Wedges), zum Servieren

Mit diesem Gericht können Sie sich Ihren letzten Spanienurlaub auf den Teller holen. Chorizo, Meeresfrüchte, Gemüse, Safran und Zitronensaft aromatisieren den Reis perfekt. Natürlich können Sie das Gericht auch an alternative Zutaten anpassen, die Sie in Ihrem Supermarkt finden, egal ob frisch oder tiefgefroren. Sehr lecker ist auch unsere Variante mit Hühnchen.

ZUBEREITUNG

1. Muscheln, falls nötig, säubern, in den Varoma-Behälter geben und zur Seite stellen.
2. Zwiebeln, Knoblauch und Olivenöl in den Mixtopf geben, erst **5 Sek./Stufe 4** zerkleinern und dann **4 Min./120°C/Stufe 🥄** dünsten.
3. Tintenfischringe, Paprikastücke und Chorizo zugeben, Varoma aufsetzen und **10 Min./Varoma/⟲/Stufe 🥄** garen. Den geschlossenen Varoma zum Warmhalten der Muscheln auf einen Teller stellen.
4. Tomaten, Salz, Safran, Wasser und Gewürzpaste in den Mixtopf zugeben und **10 Min./100°C/⟲/Stufe 🥄** garen.
5. Rundkornreis und Garnelen zugeben und **13 Min./100°C/⟲/Stufe 🥄** garen. In dieser Zeit die Muscheln – bis auf einige Exemplare zum Garnieren – von den Schalen befreien und zur Seite stellen.
6. Reis auf eine Servierplatte geben, mit Muscheln toppen und etwas Zitronensaft über Reis und Muscheln pressen. Mit Zitronenspalten und ein paar Muscheln in den Schalenhälften garnieren und heiß servieren.

TIPP

- Wird ein Reis mit längerer Garzeit verwendet (16-18 Minuten), im 4. Schritt 50 g mehr Wasser zugeben und die Garzeit im 5. Schritt um 2 Minuten verlängern. Reis 2 Minuten im Mixtopf ziehen lassen, bevor er auf die Servierplatte gegeben wird.

35 Min. | 1 Std. 5 Min. | einfach | 6 Portionen | *Pro Portion:* Eiweiß 17 g Kohlenhydrate 51 g/Fett 11 g Brennwert 1593 kJ/377 kcal

VARIANTE

Mediterraner Hähnchen-Reis:

- Im 1. Schritt statt der Muscheln 250 g Fleisch von Hähnchenschenkeln (ohne Knochen und Haut), gewürfelt (3 cm) in den Varoma-Behälter geben, mit 2 EL Olivenöl beträufeln und mit dem Spatel gut vermischen, damit das Fleisch nicht aneinander klebt. Varoma-Einlegeboden einsetzen, 100 g gefrorene, grüne Erbsen daraufgeben und Varoma zur Seite stellen.
- Im 3. Schritt die frischen Tintenfischringe weglassen oder – wenn erhältlich – gefrorene verwenden.
- Im 4. Schritt 300 g Wasser anstelle von 200 g Wasser zugeben.
- Im 5. Schritt die frischen Garnelen weglassen oder – falls erhältlich – aufgetaute Tiefkühlgarnelen verwenden.
- Im 6. Schritt das gegarte Hähnchenfleisch und die grünen Erbsen in eine Servierschüssel geben, mit der Reismischung bedecken, mit dem Spatel vermischen und servieren.

HAUPTGERICHTE – FLEISCH UND GEFLÜGEL

HÄHNCHEN MIT WARMEM KARTOFFELSALAT

Dieses Gericht ist ein echter Allrounder! Da es schnell gemacht ist, ist es ein leckeres Abendessen unter der Woche. Sie können es aber auch kalt servieren, dann ist es ein guter Begleiter für Picknick oder Buffet. Dazu einfach Kartoffeln und Hähnchen abkühlen lassen und die weiteren Zutaten erst kurz vor dem Servieren zufügen (siehe Tipp).

ZUTATEN

80 g Olivenöl
1½ TL Paprika edelsüß
4 TL Salz
2 Prisen Pfeffer
1½ TL Knoblauch, gemahlen
1 TL getrockneter Thymian
1 Prise Cayenne-Pfeffer
1 TL gemahlener Koriander
1 TL Petersilie, getrocknet
800 g Hähnchenbrust, ohne Haut, in Scheiben (2 cm)
500 g Wasser
650 g Kartoffeln, geschält, gewürfelt (2 cm)
3 TL Weinessig
1 TL Zucker (optional)
1 TL Basilikum, getrocknet
200 g Cherry-Tomaten, halbiert
60-80 g Rucola

ZUBEREITUNG

1. Olivenöl, Paprikapulver, 2 TL Salz, Pfeffer, Knoblauchpulver und Thymian in den Mixtopf geben, **20 Sek./Stufe 8** vermischen, 3 EL dieser Kräuter-Öl-Mischung in ein Schüsselchen umfüllen und zur Seite stellen.
2. Cayenne-Pfeffer, Koriander und getrocknete Petersilie in den Mixtopf zugeben und **5 Sek./Stufe 3** vermischen.
3. Hähnchenbrustscheiben zugeben, **10 Sek./↺/Stufe 1** vermischen, in eine Schüssel umfüllen und 15 Minuten marinieren lassen. (In dieser Zeit können die Kartoffeln vorbereitet werden.)
4. Wasser und 2 TL Salz in den Mixtopf geben, Gareinsatz einhängen und Kartoffeln einwiegen. Varoma-Behälter aufsetzen, mariniertes Fleisch auf Varoma-Behälter und Einlegeboden verteilen, verschließen und **20 Min./Varoma/Stufe 1** garen.
5. Varoma abnehmen, Gareinsatz mithilfe des Spatels entnehmen und Kartoffeln in eine größere Servierschüssel umfüllen. Mixtopf leeren und Garflüssigkeit dabei auffangen.
6. Die zur Seite gestellte Kräuter-Öl-Mischung, Weinessig, Zucker, getrocknetes Basilikum und 100 g Garflüssigkeit in den Mixtopf geben und **3 Sek./Stufe 3** vermischen.
7. Cherry-Tomaten und Rucola zu den Kartoffeln in die Servierschüssel geben, das Dressing darübergeben und vorsichtig mit dem Spatel vermischen. Hähnchenbrust zusammen mit dem warmen Kartoffelsalat servieren.

TIPPS

- Der Salat kann auch kalt serviert werden. Das Dressing dann zu den warmen Kartoffeln geben und Kartoffeln und Fleisch abkühlen lassen und in den Kühlschrank stellen. Cherry-Tomaten, Rucola und Hähnchenfleisch unmittelbar vor dem Servieren zu den Kartoffeln geben und vorsichtig vermischen.
- Junge, saubere Kartoffeln brauchen nicht geschält zu werden.

25 Min. | 55 Min. | einfach | 4 Portionen

Pro Portion: Eiweiß 52 g
Kohlenhydrate 30 g/Fett 14 g
Brennwert 1978 kJ/473 kcal

HÄHNCHENROLLEN MIT ÄPFELN, SÜSSKARTOFFELN UND CURRYSAUCE

Wenn Sie süß-saure Gerichte lieben, dann probieren Sie diese mit Schinken und Käse gefüllten Hähnchenrollen unbedingt aus! Als Beilagen servieren wir dampfgegarte Äpfel und Süßkartoffeln, die gut mit dem Fleisch harmonieren. Wenn Sie das Fleisch stärker gebräunt mögen, braten Sie die Rollen kurz vor dem Servieren noch einmal in einer Pfanne rundherum goldbraun an.

ZUTATEN

60 g Gouda oder Edamer, in Stücken
60 g Schinkenwürfel
800-850 g Hähnchenbrustfilets, ohne Haut, schmetterlingsartig aufgeschnitten zu dünnen Steaks
3 EL Sojasauce
1 TL Rindfleischextrakt (z. B. von Maggi, Knorr) oder 1 TL Gewürzpaste für Fleischbrühe, selbst gemacht
40 g Olivenöl
280-300 g Zwiebeln, geviertelt
2-3 Knoblauchzehen, nach Geschmack
1 Prise Salz
400 g Süßkartoffeln, geschält, in dicken Scheiben (4 cm)
500 g Äpfel (z. B. Granny Smith, Golden Delicious), entkernt, geviertelt
180 g Kochäpfel (z. B. Bramley, Reinette), geschält, entkernt, geviertelt
1 TL Essig, bevorzugt Apfelessig oder Reisessig (siehe Tipp)
1 geh. TL Currypulver, scharf oder mild, nach Geschmack
150-200 g Wasser

ZUBEREITUNG

1. Gouda in den Mixtopf geben, **4 Sek./Stufe 5** zerkleinern und umfüllen.
2. Schinkenwürfel in den Mixtopf geben und **6 Min./120°C/Linkslauf/Stufe 1** dünsten. In dieser Zeit jede Hähnchenbrust mit einem scharfen Messer waagerecht ein-, aber nicht durchschneiden, so dass sie sich wie ein Buch aufklappen lässt. Mit einem Fleischklopfer oder einem mit Frischhaltefolie umwickelten Nudelholz leicht flachklopfen, damit sie dünner werden.
3. In einer kleinen Schüssel Sojasauce, Fleischextrakt und 1 EL (10 g) Olivenöl vermischen. Jedes Hähnchenfilet mit der aufgeschnittenen Seite nach oben auf ein Stück Backpapier (30 x 40 cm) legen und mit der Sojasaucen-Mischung bestreichen. Die restliche Sojasaucen-Mischung zur Seite stellen.
4. Gedünstete Schinkenwürfel umfüllen und abkühlen lassen. Zwiebeln, Knoblauch, Salz und 30 g Olivenöl in den Mixtopf geben, erst **3 Sek./Stufe 5** zerkleinern, dann **6 Min./120°C/Stufe 1** dünsten.
5. Zerkleinerten Gouda zu den abgekühlten Schinkenwürfeln geben, mithilfe des Spatels vermischen, auf die aufgeklappten Hähnchenfilets verteilen und diese mithilfe des Backpapiers fest aufrollen und darin einwickeln. Um sicherzustellen, dass noch Dampfschlitze im Varoma-Behälter frei bleiben, den Rühraufsatz flach auf den Boden des Behälters legen und die Fleischpäckchen darauf arrangieren. Süßkartoffelscheiben rund um die Päckchen verteilen, Varoma-Einlegeboden einsetzen und die Apfelviertel darauflegen. Varoma zur Seite stellen.
6. Kochäpfel, Essig, Curry, Wasser und die restliche Sojasaucen-Mischung in den Mixtopf geben, Varoma aufsetzen und **35 Min./Varoma/Stufe 1** garen.

Fortsetzung auf Seite **114** ▶

40 Min. | 1 Std. 25 Min. | mittel | 4 Portionen

Pro Portion: Eiweiß 59 g
Kohlenhydrate 50 g/Fett 22 g
Brennwert 2745 kJ/656 kcal

▶ Hähnchenrollen mit Äpfeln, Süßkartoffeln und Currysauce, Fortsetzung

NÜTZLICHES ZUBEHÖR

Fleischklopfer oder Teigrolle
Frischhaltefolie
Backpinsel
Backpapier
Zahnstocher
Sauciere

7. Varoma abnehmen und Varoma-Einlegeboden zur Seite stellen. Mit einem Zahnstocher in die Fleischrollen stechen und testen, ob der austretende Fleischsaft klar ist, was ein Zeichen dafür ist, dass das Fleisch ausreichend gar ist. Sollte der Saft noch rötlich sein, 50 g Wasser in den Mixtopf zugeben, Varoma wieder aufsetzen und weitere **5 Min./Varoma/Stufe 1** garen.
8. Varoma abnehmen und Apfelviertel und Süßkartoffelscheiben in eine Servierschüssel geben. Die Hähnchenrollen auswickeln, in 2 cm dicke Scheiben schneiden und ebenfalls in die Servierschüssel geben. Currysauce in eine Sauciere geben. Hähnchen, Süßkartoffeln und Apfelviertel zusammen mit der Currysauce heiß servieren.

TIPPS

- Wenn die Kochäpfel nicht säuerlich genug sind, kann optional Essig zugegeben werden.
- Die Äpfel, die im Dampf gegart werden, können nach Wunsch mit Schale verwendet werden.

VARIANTE

- Im 7. Schritt, anstelle des weiteren Dampfgarens, können die Hähnchenrollen auch in einer Pfanne fertig gegart werden, falls sie noch nicht durchgegart sind oder auch nur, um sie etwas zu bräunen.

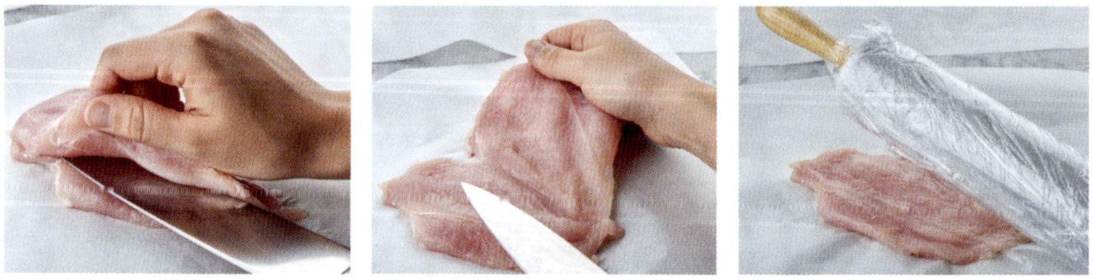

2. Schritt

5. Schritt

HONIG-LIMETTEN-HÄHNCHEN MIT MANGO-CHUTNEY

Mango-Chutney und zartes Hähnchen sind ein wunderbares Paar auf dem Teller! Ein großes Plus bei der Zubereitung: Sie erhalten ein ganzes Glas Mango-Chutney, das Sie zur anderweitigen Verwendung aufheben können. Es schmeckt köstlich zu dampfgegartem Fisch oder zu verschiedenen Käsesorten auf einer Käseplatte. Probieren Sie es aus!

ZUTATEN

Mariniertes Hähnchen

30 g Honig
½ TL Pfeffer
½ TL Salz
½-1 TL Paprika edelsüß
1 Knoblauchzehe
1 Limette, Schale dünn abgeschält (1 cm breit) und Saft ausgepresst
4 Hähnchenbrüste, ausgelöst, ohne Haut, mit Flügelansatz (ca. 800 g) (siehe Tipp), oder 4 Hähnchenbrustfilets (ca. 700 g)

Mango-Chutney und gegarte Hähnchenschenkel

10-15 g Koriandergrün
3-6 Limetten, unbehandelt, Schale dünn abgeschält (1 cm breit) und Saft ausgepresst
2 Knoblauchzehen
100 g Zwiebeln, halbiert
75 g rote Paprikaschoten, in Stücken
1-2 Jalapeño Chili, entkernt, oder 1-2 gestr. TL Chiliflocken, getrocknet
500 g reife Mangos, nur das Fruchtfleisch, in kleinen Stücken (1-2 cm)
2 TL Salz
100 g Zucker
250 g Wasser

NÜTZLICHES ZUBEHÖR

Backpapier
1 Schraubglas

ZUBEREITUNG

Mariniertes Hähnchen

1. Honig, Pfeffer, Salz, Paprikapulver, Knoblauch, Limettenschale und 20 g Limettensaft in den Mixtopf geben und **30 Sek./Stufe 8** zerkleinern.
2. Hähnchenteile in eine Schüssel legen, die Marinade darüberträufeln, vermischen, um das Fleisch überall zu würzen, und 30 Minuten zum Marinieren in den Kühlschrank stellen. In dieser Zeit den Varoma-Einlegeboden mit Backpapier so auslegen, dass es am Rand rundum 2 cm hochsteht. Varoma-Einlegeboden in den Varoma-Behälter einsetzen. Mixtopf spülen und mit dem Rezept fortfahren.

Mango-Chutney und gegarte Hähnchenschenkel

3. Koriander und ca. 50 g Limettenschale in den Mixtopf geben, **10 Sek./Stufe 8** zerkleinern und 1-2 TL von dieser Koriander-Limetten-Mischung in eine kleine Schüssel geben.
4. Knoblauch, Zwiebeln, Paprikaschoten und Chili in den Mixtopf geben und **5 Sek./Stufe** 5 zerkleinern.

Fortsetzung auf Seite **116** ▶

30 Min. | 1 Std. 15 Min. | einfach | 4 Portionen | *Pro Portion:* Eiweiß 43 g/ Kohlenhydrate 31 g/Fett 1 g Brennwert 1346 kJ/321 kcal

▶ Honig-Limetten-Hähnchen mit Mango-Chutney, Fortsetzung

5. Mangostücke, Salz, Zucker, 70 g Limettensaft und Wasser zugeben, die marinierten Hähnchenstücke auf den vorbereiteten Varoma-Einlegeboden legen, Varoma aufsetzen und **28 Min./Varoma/⟲/Stufe 1** garen. Den geschlossenen Varoma zum Warmhalten auf einen Teller stellen. Einen Teil des Mango-Chutneys in ein sauberes Schraubglas (450 g) füllen, sofort verschließen und für eine spätere Verwendung zur Seite stellen (siehe Tipp). Das restliche Chutney in eine flache Servierschüssel füllen und etwas abkühlen lassen. Hähnchen diagonal durchschneiden, auf dem Mango-Chutney anrichten und mit der restlichen Koriander-Limetten-Mischung bestreuen. Honig-Limetten-Hähnchen warm servieren oder in den Kühlschrank stellen und gekühlt servieren.

TIPPS

- Das Fleisch wird noch aromatischer, wenn es im 2. Schritt einige Stunden oder über Nacht marinieren kann.
- Das Glas mit dem abgekühlte Mango-Chutney hält sich im Kühlschrank bis zu 2 Wochen. Oder frieren Sie es in einem geeigneten Behälter ein. Dann hält es bis zu 6 Monate.

VARIANTE

- Eine komplette Mahlzeit erhalten Sie, wenn Sie im 5. Schritt im Varoma-Behälter 400-600 g Gemüse (z. B. Möhren, Kartoffeln, grüne Bohnen, Zucchini, Brokkoli), in mundgerechten Stücken, mitgaren.

5. Schritt

HÄHNCHENSPIESSE MIT KREUZKÜMMEL-REIS UND WARMEM GEMÜSESALAT

Wer hat gesagt, dass Fleisch am besten gegrillt schmeckt? Weit gefehlt! Unser Titel-Rezept ist saftig und aromatisch. Kombiniert mit dem warmen Gemüsesalat und dem Möhren-Kreuzkümmel-Reis bekommt es eine orientalische Note, die auch Gästen schmeckt.

ZUTATEN

Marinierte Hähnchenspieße

1½ TL Salz
1 TL Zimt
1 TL Paprika edelsüß
1 TL Piment, gemahlen (siehe Tipp)
450 g Hähnchenbrustfilets, ohne Haut, in Streifen (0,5 x 2 cm)
6-8 Cherry-Tomaten (optional)
50 g Zwiebeln
60 g Tomatenmark oder Ketchup
4-6 Stängel Petersilie, abgezupft
80 g Wasser
20 g Essig

Salatdressing

50 g Cherry-Tomaten, halbiert
15 g Weinessig
20 g Olivenöl
½ TL Salz
1 Prise Pfeffer (optional)
2-3 Stängel Petersilie, abgezupft

Gegarte Hähnchenspieße, Kreuzkümmel-Reis und warmer Gemüsesalat

200 g Basmati-Reis
1700 g Wasser
120 g Möhren, in Stücken
1 TL Kreuzkümmelsamen (optional)
1½ TL Salz
600 g gemischtes Gemüse (z. B. Paprika, Auberginen, Zucchini, Blumenkohl, Brokkoli, Spargel), in Stücken (3 cm)
100 g grüne Salatblätter zum Anrichten (optional)

ZUBEREITUNG

Marinierte Hähnchenspieße

1. Salz, Zimt, Paprikapulver und Piment in den Mixtopf geben und ohne Messbecher **5 Min./Varoma/Stufe** trocken rösten. In dieser Zeit die Hähnchenbruststreifen locker auf 6-8 Spieße (ca. 18 cm lang, siehe Tipp) stecken, zum Schluss jeweils mit 1 Cherry-Tomate abschließen und auf einen Teller legen.
2. Zwiebeln, Tomatenmark, Petersilie, Wasser und Essig in den Mixtopf zugeben, **10 Sek./Stufe 5** zerkleinern, über die Spieße auf den Teller geben und die Spieße darin wenden. Spieße abdecken, in den Kühlschrank stellen und mindestens 1 Stunde marinieren lassen (siehe Tipp). Mixtopf spülen.

Salatdressing

3. Tomaten, Weinessig, Olivenöl, Salz, Pfeffer und Petersilie in den Mixtopf geben, **10 Sek./Stufe 6** vermischen und in eine Schüssel umfüllen.

Gegarte Hähnchenspieße, Kreuzkümmel-Reis und warmer Gemüsesalat

4. Gareinsatz einhängen und Basmati-Reis einwiegen. 500 g Wasser zugeben und **30 Sek./Stufe 7** vermischen, um dadurch den Reis zu waschen. Gareinsatz mithilfe des Spatels entnehmen und den Mixtopf leeren.
5. Möhren in den Mixtopf geben, **5 Sek./Stufe 4.5** zerkleinern, zum Reis in den Gareinsatz geben und einhängen. Kreuzkümmel zugeben und mithilfe des Spatels gut vermischen.

Fortsetzung auf Seite **120** ▶

35 Min. | 2 Std. | mittel | 4 | 4 Portionen

Pro Portion: Eiweiß 39 g
Kohlenhydrate 48 g/Fett 7 g
Brennwert 1801 kJ/431 kcal

▶ Hähnchenspieße mit Kreuzkümmel-Reis und warmem Gemüsesalat, Fortsetzung

NÜTZLICHES ZUBEHÖR
Holzspieße (ca. 18 cm lang)
Backpapier

6. 1200 g Wasser und Salz durch den Gareinsatz in den Mixtopf zugeben, Varoma-Behälter aufsetzen und Gemüse darin verteilen. Varoma-Einlegeboden mit Backpapier belegen, die marinierten Hähnchenspieße daraufgeben, in den Varoma-Behälter einsetzen, verschließen und **20 Min./Varoma/Stufe 1** garen. Varoma absetzen, Gareinsatz mithilfe des Spatels entnehmen, Reis in eine Servierschüssel geben, mit einer Gabel auflockern und abgedeckt zur Seite stellen.
7. Die Hähnchenspieße auf dem Varoma-Einlegeboden umdrehen, damit sie gleichmäßig garen, Varoma wieder aufsetzen und **10 Min./Varoma/Stufe 1** garen. In dieser Zeit eine Servierplatte mit Salatblättern belegen.
8. Hähnchenspieße auf die Salatblätter legen, das gegarte Gemüse in eine Schüssel umfüllen und das vorbereitete Salatdressing darübergeben. Hähnchenspieße und Reis heiß zum warmen Gemüsesalat servieren.

TIPPS
- Gemahlenes Piment kann durch eine Mischung von gleichen Anteilen gemahlenem Zimt, gemahlenen Nelken und gemahlenem Muskat ersetzt werden.
- Lange Spieße können gekürzt werden, damit sie auf den Varoma-Einlegeboden passen.
- Noch aromatischer wird das Fleisch, wenn es im 2. Schritt 2 Stunden oder über Nacht marinieren kann.

VARIANTEN
- Wird eine vegetarische Variante gewünscht, kann das Fleisch durch Halloumiwürfel (2 cm) ersetzt werden. Dabei nach Rezept vorgehen, aber die zusätzliche Garzeit im 7. Schritt entfällt.
- Ist Schärfe gefragt, zusätzlich ½-1 TL Tabasco zur Marinade geben.

1. Schritt

6. Schritt

HÄHNCHEN-PAPRIKA-SOUVLAKI MIT REIS

Waren Sie schon einmal in Griechenland? Dann haben Sie dort sicherlich einmal Souvlaki probiert, die würzig-gegrillten Fleischspieße, die man an jeder Straßenecke kaufen kann. Mit diesem Thermomix® Rezept holen Sie sich das Griechenland-Gefühl nach Hause!

ZUTATEN

Marinade

20 g frischer Ingwer, geschält, in dünnen Streifen
2 Knoblauchzehen
100 g Sojasauce
50 g Honig
1-2 TL geröstetes Sesamöl (5-10 g), nach Geschmack
25 g Barbecue-Sauce oder Hoisin-Sauce
1 Prise Pfeffer

Hähnchen mit Reis

800 g Hähnchenbrustfilets, ohne Haut, gewürfelt (2-3 cm)
400 g Paprikaschoten (ca. 2 Schoten), in Stücken (2-3 cm)
1 TL Gewürzpaste für Gemüsebrühe, selbst gemacht, oder 1 Würfel Gemüsebrühe für 0,5 l Wasser
½ TL Salz
300 g Langkornreis, weiß
1000 g Wasser
2 EL Speisestärke (20 g)

NÜTZLICHES ZUBEHÖR

Holzspieße (ca. 18 cm lang)

ZUBEREITUNG

Marinade

1. Ingwer, Knoblauch, Sojasauce, Honig, Sesamöl, Barbecue-Sauce und Pfeffer in den Mixtopf geben, **5 Sek./Stufe 6** zerkleinern und Marinade in eine größere Schüssel umfüllen.

Hähnchen mit Reis

2. Hähnchenwürfel zur Marinade geben, vermischen und im Kühlschrank mindestens 15 Minuten marinieren lassen. (In dieser Zeit können die Paprikaschoten vorbereitet werden.)
3. Hähnchenwürfel abwechselnd mit Paprikastücken auf 6 Spieße (ca. 18 cm lang) stecken und auf den Varoma-Behälter und Einlegeboden verteilen. Die übrige Marinade, Gewürzpaste und Salz in den Mixtopf geben, Gareinsatz einhängen, Langkornreis einwiegen und Wasser zugeben. Mit dem Spatel umrühren, damit der gesamte Reis nass wird, Varoma aufsetzen und **25 Min./Varoma/Stufe 1** garen. Varoma zur Seite stellen, Gareinsatz mithilfe des Spatels entnehmen, Reis in eine Servierschüssel umfüllen und abgedeckt warm halten. Garflüssigkeit in eine Schüssel umfüllen.

Fortsetzung auf Seite **122** ▶

25 Min. | 1 Std. 5 Min. | einfach | 6 Portionen

Pro Portion: Eiweiß 38 g
Kohlenhydrate 55 g/Fett 3 g
Brennwert 1708 kJ/408 kcal

► Hähnchen-Paprika-Souvlaki mit Reis, Fortsetzung

4. 400 g von dieser Garflüssigkeit und Speisestärke in den Mixtopf geben, Varoma wieder aufsetzen und **5 Min./Varoma/Stufe 2** garen. Varoma absetzen, Sauce abschmecken und in eine Schüssel umfüllen. Reis zusammen mit den Spießen heiß servieren und die Sauce dazu reichen oder vor dem Servieren etwas Sauce über die Spieße und den Reis geben.

TIPP

- Noch aromatischer schmeckt das Fleisch, wenn es im 2. Schritt Zeit hat, über Nacht im Kühlschrank zu marinieren.

3. Schritt

PUTENKEULEN IM SPECKMANTEL MIT KARTOFFELN

Diese festliche Mahlzeit ist zart und würzig und darüber hinaus noch so einfach zuzubereiten! Während die Putenkeule im Varoma gart, können Sie schon einen Begrüßungsdrink mit Ihren Gästen trinken. Wetten, dass Sie nach dem Rezept gefragt werden?

ZUTATEN

30 g Knoblauchzehen
5 Zweige Rosmarin, frisch
150 g geräucherter Schinkenspeck, in Scheiben, oder Bacon, geräuchert, in Scheiben
800 g Putenkeule, ohne Haut, oder Hähnchenschenkel, ohne Haut
1 TL Salz
3 Prisen Pfeffer
20 g natives Olivenöl
1300 g Wasser
600 g Kartoffeln, in Stücken (4 cm)

NÜTZLICHES ZUBEHÖR

Backpapier

ZUBEREITUNG

1. Knoblauch in den Mixtopf geben und **5 Sek./Stufe 5** zerkleinern.
2. Ein großes Stück Backpapier (ca. 40 x 60 cm) auf der Arbeitsfläche ausbreiten. Rosmarinzweige darauflegen, 50 g Schinkenspeckscheiben nebeneinander darauf platzieren, die Putenkeule darauflegen, mit dem zerkleinerten Knoblauch einreiben und mit ½ TL Salz und Pfeffer würzen. Putenkeule in den Schinkenspeck, auf dem sie liegt, einwickeln, mit den restlichen 100 g Schinkenspeckscheiben bedecken und mit Olivenöl beträufeln. Das Backpapier zu einem Päckchen falten, die Enden fest verschließen, damit der Fleischsaft aufgefangen wird, und in den Varoma-Behälter legen.
3. Wasser und ½ TL Salz in den Mixtopf geben, Varoma aufsetzen und **50 Min./Varoma/Stufe 1** dampfgaren. In dieser Zeit die Kartoffeln schälen und in Stücke (4 cm) schneiden.
4. Varoma abnehmen. Gareinsatz einsetzen, Kartoffeln einwiegen, Varoma wieder aufsetzen und **30 Min./Varoma/Stufe 1** garen. Varoma abnehmen, prüfen, ob das Fleisch ausreichend gegart ist, und falls nötig, weitere **3-10 Min./Varoma/Stufe 1** garen.
   (Je 100 g zusätzlichem Gewicht der Putenkeule werden ca. 3 weitere Minuten Garzeit benötigt.)
5. Varoma absetzen, Fleischpäckchen vorsichtig öffnen und dabei den Fleischsaft auffangen. Putenkeule auf eine Servierplatte geben, Fleisch in Scheiben schneiden, mit dem Fleischsaft beträufeln und heiß mit Kartoffeln servieren.

TIPP

- Um sicherzustellen, dass im Varoma-Behälter einige Dampfschlitze frei bleiben, kann man den Rühraufsatz in die Mitte des Varoma-Behälters unter das Fleischpäckchen legen. Dann liegt das Päckchen nicht direkt auf den Dampfschlitzen am Boden des Behälters.

25 Min. | 1 Std. 40 Min. | einfach | 4 Portionen

Pro Portion: Eiweiß 51 g
Kohlenhydrate 26 g/Fett 23 g
Brennwert 2174 kJ/520 kcal

2. Schritt

Tipp

ENTENBRUST MIT ORANGEN-INGWER-SAUCE, KARTOFFELPÜREE UND GRÜNEN BOHNEN

Hier kommt das perfekte Gericht für einen romantischen Abend zu zweit. Das Geheimnis der Sauce ist Orangenmarmelade aus Sevilla, deren Bitternoten das Gericht perfekt abrunden. Sie können natürlich auch normale Orangenmarmelade nehmen, falls Sie keine spanische finden sollten. Wenn Sie die Ente für mehr als 2 Personen zubereiten möchten, lesen Sie bitte unseren Tipp.

ZUTATEN

40 g Schalotten, halbiert
1 Knoblauchzehe
20 g frischer Ingwer, geschält, in dünnen Scheiben (2 mm)
60 g Seville Orangenmarmelade oder 60 g Orangenmarmelade und zusätzlich 1 EL Zitronensaft
1 Prise frische Thymianblättchen
20 g Olivenöl
20 g Balsamessig oder Sherryessig
50 g Portwein
550 g Wasser
1 TL Salz
½ TL Pfeffer und etwas mehr nach Geschmack
2 Entenbrüste, ohne Haut (à ca. 150-200 g) (siehe Tipp)
350 g Kartoffeln, mehlig kochend, geschält, in Stücken (1 cm)
½ TL Paprika edelsüß
30 g Butter
120 g Milch
120-150 g frische, grüne Bohnen, ggf. in Stücken (2 cm)

NÜTZLICHES ZUBEHÖR

Backpapier
Sauciere

ZUBEREITUNG

1. Schalotten, Knoblauch, Ingwer, Seville Orangenmarmelade, Thymian, Olivenöl, Balsamessig, Portwein, 50 g Wasser, ½ TL Salz und ¼ TL Pfeffer in den Mixtopf geben und die Marinade **1 Min./Stufe 10** pürieren. In dieser Zeit den Varoma-Einlegeboden so mit Backpapier auslegen, dass das Backpapier rundherum 2 cm hochsteht.
2. Entenbrüste auf den vorbereiteten Varoma-Einlegeboden legen und die Marinade aus dem Mixtopf darüber verteilen. Varoma-Einlegeboden in den Varoma-Behälter einsetzen, verschließen und zum Marinieren zur Seite stellen. Mixtopf spülen.
3. 500 g Wasser in den Mixtopf geben, Gareinsatz einhängen, Kartoffeln einwiegen und **10 Min./Varoma/Stufe 1** dampfgaren. In dieser Zeit den Backofen auf 50°C vorheizen, um die Servierschüssel für das Kartoffelpüree vorzuwärmen.
4. Varoma aufsetzen und **15 Min./Varoma/Stufe 1** dampfgaren. Varoma absetzen, vorsichtig die Marinade von den Entenbrüsten runter auf das Backpapier schaben, ohne dabei das Backpapier einzuritzen. Die Entenbrüste auf einen Teller geben und den Varoma mit der Marinade und dem Fleischsaft für die spätere Zubereitung der Sauce zur Seite stellen. Entenbrüste mit Paprika bestreuen, abdecken und im Backofen warm halten.

Fortsetzung auf Seite **128** ▶

35 Min. | 1 Std. 10 Min. | mittel | 2 Portionen

Pro Portion: Eiweiß 43 g
Kohlenhydrate 60 g/Fett 33 g
Brennwert 3136 kJ/750 kcal

▶ Entenbrust mit Orangen-Ingwer-Sauce, Kartoffelpüree und grünen Bohnen, Fortsetzung

5. Prüfen, ob die Kartoffeln ausreichend gegart sind (siehe Tipp). Gareinsatz mithilfe des Spatels entnehmen und den Mixtopf leeren. **Rühraufsatz einsetzen.** Gegarte Kartoffeln, Butter, Milch, ½ TL Salz und ¼ TL Pfeffer in den Mixtopf geben und **10-15 Sek./Stufe 3.5** zu einem cremigen Kartoffelpüree verrühren. **Rühraufsatz entfernen.** Püree in die vorgewärmte Schüssel geben und im Backofen warm halten. Mixtopf spülen.
6. Zur Seite gestellte Marinade und Fleischsaft vom Varoma-Einlegeboden mithilfe des Backpapiers in den Mixtopf geben. Gareinsatz einhängen, grüne Bohnen einwiegen und **14 Min./Varoma/Stufe 1** garen. Gareinsatz mithilfe des Spatels entnehmen und Orangen-Ingwer-Sauce in eine Sauciere umfüllen. Entenbrüste diagonal in Scheiben schneiden und heiß mit Kartoffelpüree, Sauce und Bohnen servieren.

TIPPS

- Um ein cremiges Kartoffelpüree ohne Stückchen zu erhalten, ist es wichtig, dass die Kartoffeln weich gegart sind. Falls nötig, muss die Garzeit im 4. Schritt 5-10 Minuten verlängert werden.
- Die Garzeit ist abhängig von der Kartoffelsorte.
- Wenn Sie Entenbrüste mit Haut kaufen, sollten diese je ca. 220-300 g schwer sein. Entfernen Sie vor dem Marinieren Haut und Fett mit einem kleinen, scharfen Messer.
- Die Entenbrüste können vor dem Dampfgaren bis zu 24 Stunden mariniert werden. Geben Sie dazu im 2. Schritt Fleisch und Marinade in einen verschließbaren Beutel oder Behälter in den Kühlschrank. Vor dem Garen füllen Sie dann beides auf den mit Backpapier vorbereiteten Varoma-Einlegeboden und fahren wie im Rezept beschrieben fort.

VARIANTEN

- Ersetzen Sie im 6. Schritt die grünen Bohnen durch Gemüse Ihrer Wahl, z. B. Möhren in dünnen Scheiben, halbierten Rosenkohl, gehackten Wirsing oder Streifen von roten Paprikaschoten oder Pak Choi. Das Gemüse mit der längsten Garzeit kommt unten in den Gareinsatz.
- Benötigen Sie 4 Portionen, dann nehmen Sie 4 Entenbrüste, erhöhen die Mengen für die Marinade um die Hälfte (x 1,5) und verdoppeln die Mengen für Kartoffelpüree und Bohnen. Die Wassermenge zum Dampfgaren und die Thermomix® Angaben bleiben unverändert.

2. Schritt

6. Schritt

GEWÜRZENTE MIT PILZEN, ASIA-GEMÜSE UND REIS

Die Entenbrust wird hier erst im Varoma gegart und dann noch einmal in der Pfanne gebraten – das Ergebnis ist zartes Fleisch, bei dem alle verwendeten Gewürze toll zur Geltung kommen. Die süß-saure Glasur der Ente ergibt zusammen mit Gemüse und Reis eine Mahlzeit für festliche Anlässe. Sie essen lieber vegetarisch? Dann bereiten Sie unsere Tofu-Variante zu – ebenfalls köstlich!

ZUTATEN

15 g frischer Ingwer, geschält, in dünnen Scheiben (2-3 mm)
2 Knoblauchzehen
½-1 rote Chilischote, frisch, entkernt (optional)
700 g Entenbrust, mit Haut, ohne Knochen, oder Hähnchenbrustfilet, mit Haut
2-3 EL Chinesisches Fünf-Gewürze-Pulver, Fertigmischung, oder selbst gemacht (siehe Tipp), nach Geschmack
2 Prisen Salz
1200 g Wasser
2 TL Gewürzpaste für Gemüsebrühe, selbst gemacht, oder 2 Würfel Gemüsebrühe für je 0,5 l Wasser
80 g Sojasauce
200 g Langkornreis, weiß
200 g Pak Choi oder Chinakohl, in Stücken
100 g Brokkoliröschen, in Stücken (2 cm)
250 g frische Pilze, in Scheiben
2 TL geröstetes Sesamöl (10 g)
3-4 EL Honig (ca. 80 g)

NÜTZLICHES ZUBEHÖR

Geschirrtuch
Küchenrolle
beschichtete Bratpfanne
Pfannenwender

ZUBEREITUNG

1. Ingwer, Knoblauch und Chili in den Mixtopf geben, **3 Sek./Stufe 7** zerkleinern und in eine Schüssel umfüllen.
2. Die Haut der Ente mit einem scharfen Messer rautenförmig einschneiden, rundum mit chinesischem Fünf-Gewürze-Pulver und Salz einreiben, mit der Hautseite nach unten auf den Varoma-Einlegeboden legen und zur Seite stellen.
3. Wasser, Gewürzpaste für Gemüsebrühe und 40 g Sojasauce in den Mixtopf geben, Gareinsatz einhängen, Langkornreis einwiegen und mit dem Spatel vermischen, um den Reis zu befeuchten. Varoma-Behälter aufsetzen, Pak Choi und Brokkoli einwiegen, Einlegeboden mit den Entenbrustfilets einsetzen, verschließen und **20 Min./Varoma/Stufe 1** dampfgaren. In dieser Zeit die Pilze in Scheiben schneiden.
4. Varoma zur Seite stellen und Gareinsatz mithilfe des Spatels entnehmen. 100 g Garflüssigkeit im Messbecher auffangen und die restliche Garflüssigkeit wegschütten. Reis gut abtropfen lassen, in eine große Servierschüssel geben, mit einer Gabel lockern und mit einem Geschirrtuch bedeckt warm halten.
5. Sesamöl und Knoblauch-Ingwer-Mischung in den Mixtopf geben und ohne Messbecher **1 Min./100°C/Stufe 1** dünsten. In dieser Zeit die Entenbrust mit Küchenkrepp abtupfen.

Fortsetzung auf Seite **130** ▶

45 Min. | 1 Std. 5 Min. | aufwendig | 4 Portionen | *Pro Portion:* Eiweiß 42 g, Kohlenhydrate 60 g/Fett 20 g, Brennwert 2512 kJ/600 kcal

► Gewürzente mit Pilzen, Asia-Gemüse und Reis, Fortsetzung

6. Pilzscheiben in den Mixtopf zugeben und ohne Messbecher **10 Min./Varoma/↺/Stufe 0.5** dünsten. In dieser Zeit eine antihaftbeschichtete Pfanne ohne Öl hoch erhitzen, die Entenbrust mit der Hautseite nach unten hineinlegen und mit einem Pfannenwender 20 Sekunden flach andrücken. Die Temperatur auf mittlere Hitze zurückschalten und Entenbrust braten, bis die Haut knusprig ist und das meiste Fett ausgelassen ist. Die Entenbrust wenden und diese Seite ebenfalls 1-2 Minuten braten. Die Entenbrust mit der Haut nach oben zum Reis in die Servierschüssel geben und abdecken.
7. Etwa ¾ von dem Bratfett abschöpfen und einen kleinen Rest in der Pfanne lassen. Temperatur für die Pfanne wieder erhöhen. Für die Glasur die restliche Garflüssigkeit, 40 g Sojasauce (2-3 EL) und 3-4 EL Honig zugeben und unter Rühren vorsichtig ein paar Minuten reduzieren. Dabei darauf achten, dass die Glasur etwas eindickt, aber nicht anbrennt. Glasur zur Seite stellen.
8. Gegarten Pak Choi und Brokkoliröschen in den Mixtopf zugeben, **10 Sek./↺/Stufe 2** vermischen und in eine Servierschüssel umfüllen. Entenbrustfilets diagonal in dünne Scheiben schneiden, mit Reis und Gemüse anrichten, mit der Glasur beträufeln und heiß servieren.

TIPP

- Wollen Sie chinesisches Fünf-Gewürze-Pulver selbst herstellen, dann geben Sie 2 TL Sichuan Pfefferkörner, 3 Sternanis, 2 TL trockene Fenchelsamen, 2 Zimtstangen und 6 Gewürznelken in den trockenen Mixtopf und rösten die Gewürze **5 Min./Varoma/↺/Stufe 1** an. Mixtopfdeckel abnehmen, Mixtopf zum Abkühlen 10 Minuten zur Seite stellen, Gewürze dann **30 Sek./Stufe 10** mahlen, mit dem Spatel nach unten schieben und weitere **30 Sek./Stufe 10** mahlen. Gewürzmischung in ein Schraubglas umfüllen und bis zum Gebrauch verschlossen aufbewahren.

VARIANTE

- **Gewürztofu mit Pilzen, asiatischem Gemüse und Reis:** Für eine vegetarische Variante ersetzen Sie die Entenbrust durch 500 g festen Tofu, in Scheiben geschnitten (2 cm). Geben Sie etwas Öl in die Pfanne, wenn Sie den Tofu anstelle der Entenbrust in der Pfanne braten.

2. Schritt

6. Schritt

SCHWEINEFILET MIT ROTWEINSAUCE UND GEMÜSE

ZUTATEN

30 g Schalotte
150 g Rotwein
300 g Möhren, in Stiften (1 x 7 cm)
1 Schweinefilet (500 g, Ø ca. 6 cm)
1 TL Salz
½ TL Pfeffer
130 g Wasser
½ TL Gewürzpaste für Fleischbrühe, selbst gemacht, oder ½ Würfel Fleischbrühe (für je 0,5 l)
8 Wacholderbeeren
25 g Kirschkonfitüre oder Rote-Beeren-Konfitüre
20 g Butter
1 TL Speisestärke

NÜTZLICHES ZUBEHÖR

Sauciere

Wenn Sie wenig Zeit haben und trotzdem eine umwerfende Mahlzeit für liebe Gäste zaubern möchten, entscheiden Sie sich für dieses Schweinefilet mit eleganter Weinsauce und gedämpften Möhren. Zum Kochen nehmen Sie am besten einen Wein, den Sie auch zum Essen reichen – so wird das Gericht stimmig.

ZUBEREITUNG

1. Schalotte und Rotwein in den Mixtopf geben, Varoma-Behälter aufsetzen und Möhren einwiegen. Schweinefilet mit Salz und Pfeffer würzen, in den Varoma-Behälter zu den Möhrenstiften legen, Varoma verschließen und **10 Min./Varoma/Stufe 1** garen. Varoma absetzen.
2. 100 g Wasser, Gewürzpaste für Fleischbrühe und Wacholderbeeren in den Mixtopf geben. Varoma wieder aufsetzen und **10-15 Min./Varoma/Stufe 1** je nach gewünschtem Garpunkt des Fleisches (siehe Tipp) garen. Den geschlossenen Varoma zum Warmhalten auf einen Teller stellen. Garflüssigkeit durch den Gareinsatz in eine Schüssel abgießen.
3. Gesiebte Garflüssigkeit, Kirschkonfitüre und Butter in den Mixtopf geben. Eine kleine Schüssel auf den Mixtopfdeckel stellen, 30 g Wasser und Speisestärke hineingeben und verrühren. Angerührte Speisestärke in den Mixtopf geben und **8 Min./100°C/Stufe 1** garen.
4. Sauce **20 Sek./Stufe 7** pürieren, Schweinefilet in Scheiben (2 cm) schneiden und zusammen mit den Möhren in einer Servierschüssel anrichten. Sauce in eine Sauciere umfüllen und heiß zu Fleisch und Möhren servieren.

TIPP

- Nach der 10-minütigen Garzeit im 2. Schritt ist das Filet innen noch schön rosa und saftig. Wer Fleisch well-done wünscht, verlängert die Garzeit um 5 Minuten.

15 Min. | 45 Min. | einfach | 4 Portionen

Pro Portion: Eiweiß 29 g
Kohlenhydrate 11 g/Fett 7 g
Brennwert 1047 kJ/250 kcal

SCHWEINEFILET MIT SAUERKRAUT UND KARTOFFELPÜREE

Ein deutscher Klassiker, der eigentlich mit Kasseler zubereitet wird, bekommt hier durch das verwendete Schweinefilet ein festliches Gewand. Achten Sie darauf, dass das Schweinefilet in der Mitte noch leicht rosa bleibt.

ZUTATEN

350 g Zwiebeln, halbiert
100 g Schinkenwürfel
500-600 g Schweinefilet
2 TL Salz
¼ TL Pfeffer
1-1½ TL Paprika edelsüß
6-8 Scheiben magerer Schinkenspeck, geräuchert (60-80 g)
500 g Sauerkraut, konserviert
1 getrocknetes Lorbeerblatt (optional)
3 Wacholderbeeren (optional)
500 g Wasser
750 g Kartoffeln, in Stücken (3 cm)
3 EL Öl zum Braten
140 g Milch
40 g Butter
2-3 Prisen Muskat

NÜTZLICHES ZUBEHÖR

Bratpfanne

ZUBEREITUNG

1. 100 g Zwiebeln in den Mixtopf geben, **3 Sek./Stufe 5** zerkleinern und mit dem Spatel nach unten schieben.
2. Schinkelwürfel zugeben und **3 Min./120°C/Stufe 1** dünsten. In dieser Zeit das Schweinefilet mit ½ TL Salz, Pfeffer und Paprikapulver würzen, mit den Schinkenspeckscheiben umwickeln und zur Seite legen.
3. Sauerkraut, Lorbeerblatt und Wacholderbeeren in den Mixtopf zugeben, **3 Min./120°C/Stufe 1** dünsten und die Mischung zum Abtropfen in den Varoma-Behälter, der auf einer Schüssel steht, abgießen. Varoma-Behälter und die aufgefangene Garflüssigkeit zur Seite stellen.
4. Wasser und 1¼ TL Salz in den Mixtopf geben, Gareinsatz einhängen und Kartoffeln einwiegen. Zum Würzen die aufgefangene Garflüssigkeit über die Kartoffeln gießen, Varoma-Behälter mit Sauerkraut aufsetzen, das eingewickelte Schweinefilet auf das Sauerkraut legen, Varoma verschließen und **35 Min./Varoma/Stufe 1** dampfgaren.
   In den letzten 10 Minuten eine Bratpfanne mit Öl auf dem Herd erhitzen, 250 g Zwiebeln in Scheiben schneiden und goldbraun braten. Varoma zur Seite stellen, Gareinsatz mithilfe des Spatels entnehmen und Mixtopf leeren.

Fortsetzung auf Seite **136** ►

40 Min. | 1 Std. 10 Min. | einfach | 4 Portionen

Pro Portion: Eiweiß 47 g
Kohlenhydrate 37 g/Fett 25 g
Brennwert 2467 kJ/590 kcal

▶ Schweinefilet mit Sauerkraut und Kartoffelpüree, Fortsetzung

5. Milch, Butter, ¼ TL Salz, Muskat und die gekochten Kartoffeln in den Mixtopf geben und mithilfe des Spatels **25 Sek./Stufe 3.5** pürieren. Das Schweinefilet in Scheiben schneiden und zusammen mit Sauerkraut und Kartoffelpüree anrichten. Fleisch und Kartoffelpüree mit den gebräunten Zwiebeln toppen und heiß servieren.

VARIANTEN

- Ersetzen Sie Schweinefilet durch Scheiben von Kasseler, geräuchertem Bauchspeck (1,5 cm) oder geräucherten Mettwürstchen.
- Ohne Zwiebelringe und Speckmantel ist das Rezept sogar abnehmtauglich.

2. Schritt

4. Schritt

HACKFLEISCH-ROLLE MIT SPINAT-KÄSE-FÜLLUNG

Dies ist kein gewöhnlicher Hackbraten! Gefüllt mit Gruyère-Spinat, sanft gegart und serviert mit einer fruchtigen Tomaten-Paprika-Sauce, können Sie ihn warm oder kalt genießen. So eignet er sich als elegantes Mittag- oder Abendessen ebenso wie als köstliche Pausenmahlzeit im Büro oder für ein Picknick.

ZUTATEN

20 g natives Olivenöl und etwas mehr zum Einfetten
50 g Parmesan, in Stücken
50 g Zwiebeln, halbiert
1½-2 Knoblauchzehen, nach Geschmack
4 Stängel Petersilie, abgezupft
40 g Paniermehl
400 g Rinderhackfleisch
2 Eier
½ TL Pfeffer
2 TL Salz
50 g Gruyère Käse oder Cheddar, in Scheiben (2-3 mm)
25 g Babyspinat, frisch
450 g gelbe Paprikaschoten, in Stücken (3-4 cm)
4-5 Basilikumblätter, frisch
400 g stückige Tomaten aus der Dose oder frische Tomaten, in Stücken (2-3 cm)
200 g Wasser
1 Prise Zucker (optional)

NÜTZLICHES ZUBEHÖR

Backpapier

ZUBEREITUNG

1. Varoma-Behälter einfetten und zur Seite stellen.
2. Parmesan, Zwiebeln, 1 Knoblauchzehe und Petersilie in den Mixtopf geben, **10 Sek./Stufe 10** zerkleinern und mithilfe des Spatels nach unten schieben.
3. Paniermehl, Rinderhackfleisch, Eier, Pfeffer und 1 TL Salz zugeben und **1 Min./** kneten. Mischung auf ein Stück Backpapier (40 x 40 cm) geben, zu einem Rechteck (ca. 25 x 20 cm, 1 cm dick) ausbreiten und Gruyère und Babyspinat gleichmäßig auf dem Fleisch verteilen.
4. Fleisch mithilfe des Backpapiers zu einem Laib aufrollen. Backpapier entfernen und Fleischlaib in den gefetteten Varoma-Behälter legen.
5. Olivenöl, ½-1 Knoblauchzehe, Paprikaschoten und Basilikum in den Mixtopf geben, **4 Sek./Stufe 5** zerkleinern und anschließend **3 Min./120°C/Stufe 1** dunsten.
6. Stückige Tomaten, Wasser, 1 TL Salz und Zucker zugeben, Varoma aufsetzen und **40 Min./Varoma/Stufe 1** garen.

Fortsetzung auf Seite 138 ▶

25 Min. | 1 Std. 15 Min. | mittel | 4 Portionen

Pro Portion: Eiweiß 35 g
Kohlenhydrate 18 g/Fett 31 g
Brennwert 2128 kJ/508 kcal

▶ Hackfleisch-Rolle mit Spinat-Käse-Füllung, Fortsetzung

7. Varoma zur Seite stellen und Fleischrolle 5 Minuten abkühlen lassen. In dieser Zeit den Messbecher einsetzen und Sauce **40 Sek./Stufe 8** pürieren. Fleischrolle vorsichtig aus dem Varoma nehmen, in Scheiben schneiden und mit der Sauce servieren.

VARIANTEN

- Gruyère Käse kann durch Bergkäse oder mittelalten Gouda ersetzt werden.
- Wünschen Sie eine schnelle Beilage dazu, dann geben Sie im 6. Schritt 400 g Gemüse (z. B. Möhren, grüne Bohnen, Zucchini, Brokkoli, Kohlrabi), in mundgerechten Stücken, in den Gareinsatz und garen das Gemüse im Mixtopf unter dem Varoma so lange mit, bis das Gemüse wunschgemäß gegart ist.

3. Schritt

4. Schritt

KARIBISCHES LAMMRAGOUT MIT REISKUGELN

Dieses Lamm darf über Nacht in einer würzigen Marinade aus Zitronensaft, Gewürzen und Kräutern ziehen und sich dann zum Reis auf unserem Teller gesellen. Das Originalrezept stammt aus der Dominikanischen Republik, wo es traditionell mit Ziegenfleisch zubereitet wird.

ZUTATEN

Karibisches Lammragout

800 g Lammfleisch aus der Schulter, ohne Knochen (siehe Variante), gewürfelt (3-4 cm), oder Lammfleisch für Gulasch, ohne Knochen (3-4 cm)
50 g Orangensaft, frisch gepresst (1 Orange)
20 g Zitronensaft, frisch gepresst (½ Zitrone)
60 g Worcester-Sauce
3 Knoblauchzehen
150 g Zwiebeln, halbiert
180 g Staudensellerie, in Stücken
2-4 Stängel Koriandergrün
2-3 Prisen getrocknetes Oregano
2 frische Lorbeerblätter oder 1 getrocknetes Lorbeerblatt
1-1½ TL Cayenne-Pfeffer
25 g Öl
20 g Vollrohrzucker oder brauner Zucker
50 g Tomatenmark
1½ TL Salz
450 g Wasser

Reiskugeln

160 g Basmati-Reis
400 g Wasser
4 Prisen Salz
4 TL Öl oder Butter

NÜTZLICHES ZUBEHÖR

4 hitzebeständige Teetassen oder kleiner Becher (Ø 8 cm, 9 cm hoch)

ZUBEREITUNG

Karibisches Lammragout

1. Eine große Schüssel (1,5 l) auf den Mixtopfdeckel stellen, Lammfleisch, Orangensaft, Zitronensaft und Worcester-Sauce einwiegen und zur Seite stellen. Knoblauch, Zwiebeln, Staudensellerie, Koriander, Oregano, Lorbeerblätter und Cayenne-Pfeffer in den Mixtopf geben, **5 Sek./Stufe 5** zerkleinern und zum Fleisch in die Schüssel geben. Alles gut vermischen und abgedeckt 8-24 Stunden im Kühlschrank marinieren lassen.
2. Wenn das Fleisch ausreichend mariniert ist, Öl und Vollrohrzucker in den Mixtopf geben und **7 Min./120°C/Stufe 1** erhitzen.
3. Tomatenmark zugeben, **3 Min./120°C/Stufe 1** erhitzen und dann das marinierte Fleisch mit der Marinade, Salz und Wasser zugeben und Varoma-Behälter aufsetzen.

Fortsetzung auf Seite **142** ▶

25 Min. | 9 Std. 15 Min. | einfach | 4 Portionen | *Pro Portion:* Eiweiß 45 g, Kohlenhydrate 45 g/Fett 23 g, Brennwert 2438 kJ/581 kcal

► Karibisches Lammragout mit Reiskugeln, Fortsetzung

Reiskugeln

4. 4 hitzebeständige Teetassen oder kleine Förmchen (Ø 8 cm, 9 cm hoch) in den Varoma-Behälter stellen, in jede Tasse 40 g Reis, 100 g Wasser, 1 Prise Salz und 1 TL Öl geben, Varoma verschließen und **35 Min./Varoma/⟲/Stufe 🥄** garen. Zum Servieren jeweils 1 Reistasse mit der Öffnung nach unten auf einen Teller stellen, Reis mit einer kräftigen Bewegung nach unten aus der Tasse lösen und mit dem heißen Lammragout servieren.

VARIANTEN

- Das Ragout ist traditioneller und intensiver im Aroma, wenn Sie Fleisch mit Knochen nehmen und die Fleischmenge auf 1000 g erhöhen.
- **Karibisches Ziegenfleisch-Ragout:** Ersetzen Sie das Lammfleisch durch 1000 g Ziegenfleisch aus der Schulter mit Knochen, in Stücken (5-6 cm). Im 4. Schritt das Ragout **90 Min./95°C/⟲/Stufe 🥄** vorgaren, bevor der Varoma mit dem Reis aufgesetzt wird. Dann weitere **30 Min./Varoma/⟲/Stufe 🥄** garen.

4. Schritt

COUSCOUS MIT HÄHNCHEN, LAMM UND SCHARFER BRATWURST

ZUTATEN

4 Stängel Koriander, abgezupft
4 Stängel Petersilie, abgezupft
200 g Zwiebeln, halbiert
400 g Lammfleisch aus der Schulter (mit oder ohne Knochen), bevorzugt mit Knochen (siehe Tipp), in Stücken (4 x 4 cm)
3 TL Salz
½ TL Pfeffer
40 g Olivenöl
400 g Möhren, in Stücken (ca. 1,5 cm)
250 g weiße Rüben, in 6 oder 8 Stücken (je nach Größe)
1 TL Zimt
1 TL Ingwer, gemahlen
900 g Wasser
300 g Hähnchenbrustfilet, in dünnen Streifen (ca. 2 cm lang)
6 frische Bratwürstchen, scharf (z. B. Merguez) (optional)
400 g Zucchini, grün, mit Schale, in Scheiben (ca. 1,5 cm)
350 g Couscous, mittel
70 g Rosinen
350 g Kichererbsen aus der Dose, abgetropft
1-2 TL Harissa-Paste oder Chilipaste

NÜTZLICHES ZUBEHÖR

Sauciere

Couscous ist ein traditionelles Gericht aus Nordwestafrika. Merguez sind frische, sehr würzige Würste aus Lamm- oder Rindfleisch, die ebenfalls typisch für diese Region sind. Sie können die Merguez durch andere Würste ersetzen oder ganz weglassen. Für eine weitere Geschmacksvariante ersetzen Sie Zimt und Ingwer durch 2 TL Ras-el-Hanout.

ZUBEREITUNG

1. Koriander und Petersilie in den Mixtopf geben, **5 Sek./Stufe 7** zerkleinern und in eine kleine Schüssel umfüllen.
2. Zwiebeln in den Mixtopf geben, **5 Sek./Stufe 5** zerkleinern und mit dem Spatel nach unten schieben.
3. Lammfleisch, 2 TL Salz, Pfeffer und 20 g Olivenöl zugeben und **10 Min./120°C/↺/Stufe 🥄** andünsten.
4. Möhren, weiße Rüben, Zimt, Ingwer, 550 g Wasser und die gehackten Kräuter zugeben, Varoma-Behälter aufsetzen, Hähnchenstreifen so hineinlegen, dass noch Dampfschlitze frei bleiben. Bratwürstchen und Zucchinischeiben auf den Hähnchenstreifen verteilen, Varoma verschließen und **15 Min./Varoma/↺/Stufe 🥄** garen. In dieser Zeit Couscous, 1 TL Salz und 20 g Olivenöl (1-2 EL) in eine Schüssel geben. Couscous mit kreisenden Bewegungen zwischen den Händen reiben, um ihn rundum mit Öl zu befeuchten und darauf achten, dass sich keine Klümpchen bilden. 350 g Wasser zum Couscous geben, mit dem Spatel gut vermischen, abdecken und zur Seite stellen.

Fortsetzung auf Seite **144** ▶

40 Min. | 1 Std. 10 Min. | mittel | 6 Portionen | *Pro Portion:* Eiweiß 51 g, Kohlenhydrate 70 g/Fett 43 g, Brennwert 3753 kJ/900 kcal

► Couscous mit Hähnchen, Lamm und scharfer Bratwurst, Fortsetzung

5. Couscous vorsichtig mit einer Gabel lockern und auf den Varoma-Einlegeboden verteilen. Varoma-Deckel vorsichtig abnehmen, Einlegeboden in den Varoma-Behälter einsetzen, Varoma wieder verschließen und weitere **10 Min./Varoma/↺/Stufe 🥄** garen. Varoma abnehmen.
6. Rosinen und abgetropfte Kichererbsen in den Mixtopf geben, Varoma wieder aufsetzen und **5 Min./Varoma/↺/Stufe 🥄** garen. Varoma zur Seite stellen, Mixtopfinhalt in eine große Servierschüssel umfüllen. Hähnchenstreifen, Würstchen und Zucchinischeiben zum Couscous geben und vorsichtig mit dem Spatel vermischen. Mit einem Löffel 100 g Brühe aus der Servierschüssel abschöpfen und in eine Sauciere geben. Harissa-Paste in die Sauciere zugeben und mit einer Gabel gut verrühren. Couscous in eine separate Schüssel umfüllen und zügig zusammen mit Gemüse, Fleisch, Würstchen und Harissa-Sauce servieren.

TIPPS

- Fleisch mit Knochen ist immer besonders aromatisch. Aber auch, wenn Sie das Lammfleisch würfeln und ohne Knochen verwenden, schmeckt das Gericht köstlich.
- Haben Sie Couscous übrig, dann bereiten Sie daraus ein schnelles, traditionelles, marokkanisches Dessert zu: Couscous auf einem Teller verteilen, 50 g Zucker (2-3 EL) und 1 TL Zimt darüberstreuen und warm oder kalt servieren.
- Dieses Gericht reicht locker für 6 Portionen. Wenn Sie eine Vorspeise dazu reichen, können bis zu 8 Personen davon satt werden.

4. Schritt

5. Schritt

HAUPTGERICHTE – FISCH UND MEERESFRÜCHTE

LACHS MIT MANGOSAUCE, BREITEN BOHNEN UND MÖHREN

Hier kommt ein tolles kreatives Gericht, was darüber hinaus noch schnell und einfach zuzubereiten ist. Die Gewürzmarinade setzt dem Lachs das i-Tüpfelchen auf und komplementiert so die leicht süße Mango-Curry-Sauce und das frische Gemüse.

ZUTATEN

Lachs, Möhren und Bohnen

½-1 TL Cayenne-Pfeffer
1 TL Salz
1 Prise Muskat
2 Prisen weißer Pfeffer, gemahlen
4 Lachsfilets, frisch, ohne Haut (à 150-180 g, 4 cm dick)
200 g Möhren, in Stücken (ca. 2 mm)
250 g breite grüne Bohnen, frisch, halbiert

Mangosauce

250 g reife Mangos, nur das Fruchtfleisch, in Stücken (ca. 3 cm)
50 g Weinbrand
1 TL Currypulver
300 g Wasser
100 g Sahne
120 g Naturjoghurt
1 Prise Salz
1 Prise weißer Pfeffer, gemahlen
1 Stängel Petersilie, abgezupft, zum Garnieren (optional)

NÜTZLICHES ZUBEHÖR

Backpapier

ZUBEREITUNG

Lachs, Möhren und Bohnen

1. Cayenne-Pfeffer, Salz, Muskat und weißen Pfeffer in einer kleinen Schüssel verrühren. Lachsfilets auf ein großes Stück Backpapier legen, Lachsfilets rundum gut mit der Cayenne-Pfeffer-Mischung einreiben, das Backpapier zu einem geschlossenen Päckchen falten und die Enden fest verdrehen. Rühraufsatz flach in den Varoma-Behälter legen, um sicherzustellen, dass genügend Dampfschlitze frei bleiben und das Lachspäckchen darauflegen. Varoma-Einlegeboden einsetzen, Möhren und Bohnen darauf verteilen und zur Seite stellen.

Mangosauce

2. Mangostücke, Weinbrand, Curry und Wasser in den Mixtopf geben, Varoma aufsetzen und **20 Min./Varoma/Stufe 1** garen. Den geschlossenen Varoma zum Warmhalten auf einen Teller stellen.
3. Sahne in den Mixtopf zugeben, Messbecher einsetzen und **5 Min./90°C/Stufe 1** garen.
4. Joghurt, Salz und weißen Pfeffer zugeben und **30 Sek./Stufe 10** pürieren. Lachs aus dem Päckchen nehmen, mit Petersilie garnieren und heiß mit Mangosauce und Gemüse servieren.

35 Min. | 1 Std. | einfach | 4 Portionen

Pro Portion: Eiweiß 37 g
Kohlenhydrate 18 g/Fett 28 g
Brennwert 2144 kJ/513 kcal

1. Schritt

FISCH NACH INDISCHER ART MIT JOGHURTSAUCE, KARTOFFELN UND GEMÜSE

ZUTATEN

600 g Wasser
2 Knoblauchzehen (ca. 5 g gesamt)
¼-½ TL Cayenne-Pfeffer oder 2 frische Chilischoten, grün (ca. 6-8 cm lang), entkernt
50 g Koriandergrün und etwas mehr zum Garnieren
100 g Babyspinat, frisch, oder frischer Blattspinat, große Blätter grob zerkleinert
40 g Olivenöl
1 TL Salz
600 g weißes Fischfilet, ohne Haut und Gräten (z. B. Heilbutt, Schellfisch, Dorsch, 1 cm dick)
400 g Kartoffeln, neue Ernte oder festkochend, in kleinen Stücken (1 cm)
¼ TL Kurkuma
4 TL Kichererbsenmehl (ca. 15 g, siehe Tipp) oder 10 g Speisestärke (ca. 2 geh. TL)
1 TL Zucker
½ TL Pfeffer und etwas mehr nach Geschmack
2 TL Zitronensaft
200 g Möhren, in Scheiben (1 cm dick)
200 g Brokkoliröschen, in Stücken (3 cm)
250 g Griechischer Joghurt (10% Fett)

Hier kommt der Rühraufsatz mal anders zum Einsatz: Wir legen ihn in den Varoma, damit der Dampf gut um das Backpapier-Päckchen zirkulieren kann – diese Vorgehensweise können Sie auch bei anderen Gerichten anwenden. Servieren Sie diese Mahlzeit mit Naan-Brot oder anderen weichen Brotsorten, damit lässt sich die leckere Sauce gut aufsaugen. Wenn Sie auf der Suche nach einem Gericht für 2 Personen sind, lesen Sie bitte den Tipp.

ZUBEREITUNG

1. Eine kleine Schüssel auf den Mixtopfdeckel stellen, 100 g Wasser einwiegen und zur Seite stellen.
2. Knoblauch, Cayenne-Pfeffer und Koriander in den Mixtopf geben, **3 Sek./Stufe 7** zerkleinern und 2 geh. TL davon entnehmen, zum Wasser in das Schüsselchen geben und zum Aromatisieren zur Seite stellen.
3. Spinat, Olivenöl und ½ TL Salz in den Mixtopf zugeben und **10 Sek./Stufe 4** zerkleinern.
4. Mischung mit dem Spatel nach unten schieben und noch einmal **10 Sek./Stufe 4** zerkleinern, um eine stückige Spinatpaste zu erhalten.
5. Das Wasser mit den Gewürzen durch den Gareinsatz in eine andere Schüssel abgießen und das Gewürzwasser zur Seite stellen. Den Inhalt des Gareinsatzes in den Mixtopf geben. Die Hälfte der Spinatpaste in die Mitte auf ein großes Stück Backpapier (30 x 45 cm) streichen. Fisch darauflegen und mit der restlichen Spinatpaste bedecken. Backpapier zu einem geschlossenen Päckchen falten und die Enden fest verschließen. Rühraufsatz in den Varoma-Behälter legen, Fischpäckchen auf den Rühraufsatz legen, um sicherzustellen, dass genügend Dampfschlitze frei bleiben.
6. 500 g Wasser in den Mixtopf geben, Gareinsatz einhängen, Kartoffeln einwiegen, Varoma aufsetzen und **10 Min./Varoma/Stufe 1** dampfgaren. In dieser Zeit Kurkuma, Kichererbsenmehl, Zucker, ½ TL Salz, Pfeffer und Zitronensaft in die Schüssel zum Gewürzwasser geben, verrühren und Möhren und Brokkoli auf den Varoma-Einlegeboden geben.

Fortsetzung auf Seite **152** ▶

45 Min. | 1 Std. | mittel | 4 Portionen

Pro Portion: Eiweiß 36 g
Kohlenhydrate 28 g/Fett 18 g
Brennwert 1830 kJ/437 kcal

▶ Fisch nach indischer Art mit Joghurtsauce, Kartoffeln und Gemüse, Fortsetzung

NÜTZLICHES ZUBEHÖR
Backpapier

7. Varoma-Deckel vorsichtig abnehmen, Einlegeboden einsetzen, Varoma wieder verschließen und **8 Min./Varoma/Stufe 1** dampfgaren.
8. Varoma-Deckel vorsichtig abnehmen, Einlegeboden zur Seite stellen und prüfen, ob Fisch und Gemüse ausreichend gegart sind – Fisch fällt schnell auseinander. Falls nötig, weitere **2-5 Min./Varoma/Stufe 1** dampfgaren. Varoma absetzen und Gareinsatz mithilfe des Spatels herausnehmen. Gemüse, Kartoffeln und Fischpäckchen auf eine vorgewärmte Servierplatte geben und warm halten, während die Sauce zubereitet wird. Mixtopf leeren.
9. Griechischen Joghurt und die vorbereitete Gewürzflüssigkeit in den Mixtopf geben, **8 Min./90°C/Stufe 3** garen, abschmecken und umfüllen. Fisch, Kartoffeln und Gemüse mit etwas Koriandergrün garnieren und mit der Joghurtsauce servieren.

TIPPS
- So stellen Sie Kichererbsenmehl im Thermomix® selbst her: 100 g trockene Kichererbsen (Hülsenfrüchte) **3 Min./Stufe 10** mahlen. Was nicht sofort gebraucht wird, in einem Schraubglas für später aufheben.
- Brauchen Sie nur 2 Portionen, halbieren Sie einfach alle Zutaten, mit Ausnahme des Wassers zum Dampfgaren. Im 7. Schritt reichen dann 6 Minuten Garzeit.
- Ist nur gefrorener Fisch verfügbar, sollte dieser vorher auftauen.

VARIANTEN
- Ersetzen Sie Möhren und Brokkoli durch Gemüse Ihrer Wahl mit ähnlichen Garzeiten.
- Anstelle des Korianders können Sie auch Spinat verwenden. Kaufen Sie dann entsprechend mehr davon.

5. Schritt

SARDINEN-PÄCKCHEN MIT GRÜNE-BOHNEN-SALAT

Sardinen oder andere Fischsorten garen perfekt in Päckchen aus Backpapier. Der Fisch kann so im eigenen Saft garen und behält seinen natürlichen Geschmack. Nutzen Sie den Dampf in diesem Rezept aus und garen Sie gleichzeitig die Bohnen und die Eier für den Salat. So haben Sie in weniger als einer Stunde eine gesunde und leckere Mahlzeit auf dem Tisch.

ZUTATEN

Sardinen in Päckchen

8 Sardinen, frisch, ganz, ausgenommen, gesäubert (à 70-80 g) (siehe Varianten)
natives Olivenöl zum Einfetten
4 Prisen Salz

Grüne-Bohnen-Salat

2 Eier
500 g Wasser
500 g frische grüne Bohnen, in Stücken, oder grüne Bohnen, TK, in Stücken
250 g Cherry-Tomaten, halbiert
80 g Frühlingszwiebeln, in dünnen Streifen (Julienne)
40 g natives Olivenöl
15 g Essig
2-3 Prisen Salz

ZUBEREITUNG

Sardinen in Päckchen

1. Sardinen waschen und mit Küchenpapier trocken tupfen. 4 rechteckige Stücke Backpapier (à 30 x 40 cm) mit Olivenöl einfetten und je 2 Sardinen auf ein Stück Backpapier legen. Jedes Sardinenpaar mit 1 Prise Salz würzen, das Backpapier längs zusammenfalten und die Papierenden so zusammendrehen, dass Päckchen entstehen. Je 2 Päckchen mit der Naht nach unten in den Varoma-Behälter und den Einlegeboden legen.

Grüne-Bohnen-Salat

2. Eier in Alufolie oder hitzebeständige Frischhaltefolie wickeln, in den Varoma-Behälter neben die Sardinen-Päckchen legen und den Varoma-Einlegeboden einsetzen.
3. Wasser in den Mixtopf geben, Gareinsatz einhängen und Bohnen einwiegen. Varoma aufsetzen und **25 Min./Varoma/Stufe 1** dampfgaren. Varoma abnehmen, Sardinen-Päckchen vorsichtig öffnen, mit einer Messerspitze mitten in eine Sardine stechen und prüfen, ob sich das Fleisch leicht von den Gräten lösen lässt, was ein Zeichen für ausreichendes Garen ist. Löst es sich nicht, Varoma wieder aufsetzen und weitere **3-4 Min./Varoma/Stufe 1** garen. Varoma abnehmen, Eier auswickeln und unter fließendem Wasser abkühlen.

Fortsetzung auf Seite **154** ▶

35 Min. | 1 Std. | einfach | 4 Portionen

Pro Portion: Eiweiß 30 g
Kohlenhydrate 10 g/Fett 21 g
Brennwert 1504 kJ/360 kcal

▶ Sardinen-Päckchen mit Grüne-Bohnen-Salat, Fortsetzung

NÜTZLICHES ZUBEHÖR

Küchenrolle
Backpapier
Backpinsel
Alufolie oder hitzebeständige Frischhaltefolie

4. Gareinsatz mithilfe des Spatels entnehmen und die gegarten Bohnen zusammen mit Cherry-Tomaten, Frühlingszwiebeln, Olivenöl, Essig und Salz in eine Servierschüssel geben. Die gekochten Eier pellen, in Spalten schneiden, zu den Bohnen geben und vorsichtig vermischen. Sardinen-Päckchen öffnen und den Fisch sofort zusammen mit dem warmen Bohnensalat servieren.

VARIANTEN

- Ersetzen Sie frische Sardinen durch aufgetaute TK-Sardinen oder durch andere kleine Fische mit ähnlicher Größe und ähnlichem Gewicht (z. B. Makrelen).
- Die 4 Sardinen können auch durch 2 ganze, ausgenommene Seebarsche ersetzt werden (à 350-380 g). Nehmen Sie dann 2 rechteckige, geölte Backpapierstücke (50 x 30 cm). Fertigen Sie 1 Päckchen je Seebarsch und fahren Sie wie im 2. Schritt beschrieben fort. Vor dem Servieren entfernen Sie Haut und Gräten und reichen ½ Fisch pro Portion.
- Eine geschmackliche Variante erhalten Sie, wenn Sie ein Lorbeerblatt und Zitronenscheiben mit in die Päckchen geben, oder bestreuen Sie die Fische vor dem Servieren mit Paprika edelsüß und sprenkeln etwas natives Olivenöl darüber.

1. Schritt

2. Schritt

MIESMUSCHELN IN WEISSWEIN MIT SAHNESAUCE

ZUTATEN

10-15 Stängel Petersilie, abgezupft
220 g Zwiebeln, halbiert
1-2 Knoblauchzehen
45 g natives Olivenöl
1000 g Miesmuscheln, gesäubert
150 g Weißwein, trocken
1 Prise Salz
1 Prise Pfeffer
100 g Kochsahne (ca. 15-20 % Fett)

Wenn Sie bereits gesäuberte Muscheln kaufen können, ist dieses Gericht ganz fix gemacht. Wenn nicht, säubern Sie die Muscheln unter fließendem Wasser mit einer Handbürste und entfernen die „Bärte“. Die Muscheln geben später beim Garen ihren Saft in die sahnige Sauce ab. Es lohnt sich also, noch einen Korb mit frischem Brot bereitzustellen – diese Sauce tunkt jeder gern auf!

ZUBEREITUNG

1. Petersilie in den Mixtopf geben, **5 Sek./Stufe 7** zerkleinern und umfüllen.
2. Zwiebeln, Knoblauch und Olivenöl zugeben, **4 Sek./Stufe 5** zerkleinern und anschließend **8 Min./120°C/Stufe** dünsten. In dieser Zeit die Muscheln, falls nötig, säubern und in den Varoma-Behälter geben.
3. Weißwein in den Mixtopf zugeben, Varoma aufsetzen und **13 Min./Varoma/Stufe 1** garen.
4. Den geschlossenen Varoma zum Warmhalten auf einen Teller stellen, Gareinsatz anstelle des Messbechers auf den Mixtopfdeckel stellen und die Sauce **10 Min./Varoma/Stufe 1** reduzieren. In dieser Zeit die gegarten Muscheln prüfen und alle Muscheln, die sich nicht geöffnet haben, entsorgen.
5. Salz, Pfeffer und Kochsahne in den Mixtopf zugeben und **2 Min./90°C/Stufe 1** erhitzen. Die gegarten Muscheln in der Schale in eine Servierschüssel geben, Sahnesauce darübergießen, mit gehackter Petersilie bestreuen und sofort servieren.

25 Min. | 45 Min. | einfach | 4 Portionen

Pro Portion: Eiweiß 6 g
Kohlenhydrate 5 g/Fett 17 g
Brennwert 935 kJ/223 kcal

SCHWARZAUGEN-BOHNEN-RAGOUT MIT KLEINEN TINTENFISCHEN

In vielen Ländern rund um das Mittelmeer werden Bohnen und Meeresfrüchte kombiniert. In unserem Rezept dienen die Bohnen als Bett für den Tintenfisch, der so seine typische Festigkeit behält.

ZUTATEN

120 g Zwiebeln, halbiert
1 Knoblauchzehe
40 g natives Olivenöl und etwas mehr zum Beträufeln
500 g Tomaten, reif, in Stücken, oder Tomaten, geschält, aus der Dose
15 g Tomatenmark
370 g gemischtes Gemüse (z. B. Möhren, Porree, Staudensellerie), in Scheiben (1 cm)
1 EL Paprika edelsüß
1 TL Salz und etwas mehr für die Tintenfische
1 Prise Pfeffer und etwas mehr für die Tintenfische
350 g Schwarzaugen-Bohnen, getrocknet, mind. 4 Stunden eingeweicht (siehe Tipp), oder grüne Linse, getrocknet, abgespült und abgetropft
350 g Wasser
1 geh. TL Gewürzpaste für Gemüsebrühe, selbst gemacht, oder 1 Würfel Gemüsebrühe für 0,5 l Wasser
1000 g Tintenfische, ganz, klein (Baby-Tintenfische), gesäubert, frisch oder aufgetaut, oder Tintenfischringe, roh, frisch oder aufgetaut
20 g Zitronensaft, frisch gepresst (optional)
Koriandergrün, gehackt (optional)

ZUBEREITUNG

1. Zwiebeln, Knoblauch und Olivenöl in den Mixtopf geben, **5 Sek./Stufe 5** zerkleinern und dann **5 Min./120°C/Stufe 1** dünsten.
2. Tomaten und Tomatenmark zugeben und **7 Sek./Stufe 6** pürieren.
3. 100 g gemischtes Gemüse, Paprika, Salz, Pfeffer, abgetropfte Schwarzaugen-Bohnen, Wasser und Gewürzpaste für Gemüsebrühe zugeben. Die restlichen 270 g gemischtes Gemüse und Tintenfische in Varoma-Behälter und Einlegeboden verteilen, mit Salz und Pfeffer würzen, mit Olivenöl beträufeln und vermischen. Varoma aufsetzen, **30 Min./Varoma/↺/Stufe** ⚲ garen. Den geschlossenen Varoma zum Warmhalten auf einen Teller stellen und prüfen, ob die Bohnen ausreichend gegart sind. Falls nötig, weitere **5-10 Min./Varoma/↺/Stufe** ⚲ garen.
4. Zitronensaft zu den Bohnen in den Mixtopf geben und 10 Minuten ziehen lassen. Das Bohnen-Ragout auf eine tiefe Servierplatte geben, mit gehacktem Koriander bestreuen und heiß zu Gemüse und Tintenfisch servieren.

Fortsetzung auf Seite **160** ▶

30 Min. | 5 Std. 15 Min. | mittel | 8 Portionen

Pro Portion: Eiweiß 32 g
Kohlenhydrate 22 g/Fett 9 g
Brennwert 1339 kJ/320 kcal

▶ Schwarzaugen-Bohnen-Ragout mit kleinen Tintenfischen, Fortsetzung

TIPP

- Schwarzaugen-Bohnen in 900 g kaltem Wasser einweichen. Das Abtropfgewicht nach dem Einweichen beträgt ca. 750-800 g. Schwarzaugen-Bohnen sind ausreichend eingeweicht, wenn sich die Haut einfach entfernen lässt (meist nach 4 Stunden). Es ist praktischer, wenn die Bohnen über Nacht einweichen können.

VARIANTE

- Ersetzen Sie die ganzen Baby-Tintenfische durch andere Meeresfrüchte (z. B. Tintenfischringe, Garnelen). Dabei die Dampfgarzeit entsprechend angleichen.

Schwarzaugen-Bohnen

Baby-Tintenfische

3. Schritt

ZANDERFILETS MIT MAISKORN-POLENTA

ZUTATEN

400 g Zanderfilet, mit Haut
(4 Filets, 1 cm dick), oder
Forellenfilet, mit Haut
(4 Filets, 1 cm dick)
1½ EL Fischsauce (20 g) oder
2 Sardellenfilets in Öl, abgetropft
2 TL geröstetes Sesamöl (10 g) oder
20 g natives Olivenöl
7-8 Stängel frischer Dill, abgezupft
1 Orange, Schale dünn abgeschält,
Saft ausgepresst
500 g Wasser
600-700 g Zuckermais-Körner
(von 5-6 Maiskolben)
oder 600-700 g Maiskörner aus
der Dose, abgetropft
2 TL Salz
400 g gemischtes Gemüse,
in Scheiben (5 mm) oder
mundgerechten Stücken
(z. B. Möhren, Brokkoli, Spargel,
Blumenkohl)
40 g Butter

NÜTZLICHES ZUBEHÖR

Backpapier

Polenta ist mittlerweile auch außerhalb Italiens bekannt, aber haben Sie sie schon einmal mit frischem Mais zubereitet probiert? Mit leichter Orangennote passt sie perfekt zum marinierten Fisch. Sollten Sie keinen frischen Mais bekommen, können Sie ihn durch gefrorenen Mais oder Dosenmais ersetzen. Die Forelle können Sie auf Wunsch ebenfalls durch einen weißfleischigen Süßwasserfisch ersetzen.

ZUBEREITUNG

1. Zanderfilets in eine große Schüssel geben und zur Seite stellen. Fischsauce, geröstetes Sesamöl und Dill in den Mixtopf geben, **5 Sek./Stufe 5** zerkleinern und über die Fischfilets geben. Fisch vorsichtig wenden, um ihn rundum zu benetzen, abdecken und 30 Minuten im Kühlschrank marinieren lassen. In dieser Zeit den Mixtopf spülen und mit der weiteren Zubereitung gemäß Rezept fortfahren.
2. 1 Streifen Orangenschale (1 x 5 cm) und Wasser in den Mixtopf geben und **5 Sek./Stufe 8** zerkleinern. Gareinsatz einhängen, Maiskörner einwiegen, frisch gepressten Orangensaft und 1 TL Salz zugeben.
3. Varoma aufsetzen, gemischtes Gemüse hineingeben, verschließen und **15 Min./Varoma/Stufe 1** dampfgaren. In dieser Zeit den Varoma-Einlegeboden mit Backpapier belegen.
4. Die marinierten, abgetropften Fischfilets auf den vorbereiteten Varoma-Einlegeboden legen. Varoma absetzen, Einlegeboden einsetzen, Varoma wieder aufsetzen und **11-13 Min./Varoma/Stufe 1** dampfgaren. Je nach Dicke der Fischfilets die Garzeit bei Bedarf verlängern. Varoma abnehmen und zur Seite stellen.
5. Gareinsatz mithilfe des Spatels entnehmen, Mixtopf leeren, gegarte Maiskörner in den Mixtopf geben, ½ TL Salz und 20 g Butter zugeben und **30 Sek./Stufe 6** zur Maiskorn-Polenta zerkleinern. Das gegarte Gemüse in eine Servierschüssel geben, mit ½ TL Salz und 20 g Butter würzen. Maiskorn-Polenta umfüllen und mit Fischfilets und Gemüse servieren.

Fortsetzung auf Seite **162** ▶

45 Min. | 1 Std. 5 Min. | einfach | 4 Portionen

Pro Portion: Eiweiß 26 g
Kohlenhydrate 29 g/Fett 12 g
Brennwert 1461 kJ/350 kcal

▶ Zanderfilets mit Maiskorn-Polenta, Fortsetzung

TIPPS

- Fischsauce und geröstetes Sesamöl finden Sie im Asia-Bereich eines gut sortierten Supermarkts oder im Asia-Shop.
- Haben Sie es eilig, verzichten Sie auf das Marinieren des Fisches: Geben Sie den Fisch und die Marinadenzutaten einfach auf den mit Backpapier ausgelegten Varoma-Einlegeboden.
- Um die Körner von frischen Maiskolben zu entfernen, schneiden Sie mit einem scharfen Messer Scheiben von der Kolbenspitze bis zum Boden ab, möglichst ohne Anteile des Kolbens abzuschneiden. Oder verwenden Sie einen Stripper für Maiskörner.

VARIANTE

- Verwenden Sie nach Wunsch jeden weißfleischigen Süßwasserfisch. Gleichen Sie die Garzeit im 4. Schritt der Struktur und Dicke des Fischfilets an.

3. Schritt

4. Schritt

Tipp

HAUPTGERICHTE – VEGETARISCH

VEGETARISCHES CHILI

Sie suchen ein würziges vegetarisches Gericht, das schnell zubereitet ist und dessen Zutaten Sie höchstwahrscheinlich im Haus haben? Dann präsentieren wir Ihnen unser vegetarisches Chili, das Sie selbstverständlich Ihren persönlichen Vorlieben anpassen können. Und soll doch einmal Fleisch dabei sein, ergänzen Sie das Chili beispielsweise um Würstchen Ihrer Wahl.

ZUTATEN

200 g rote oder gelbe Zwiebeln, halbiert
20 g Knoblauch
1 rote Chilischote, frisch, entkernt, nach Geschmack
10 g Olivenöl
750 g frische Tomaten, in Stücken, oder geschält, aus der Dose
200 g Paprikaschoten, gemischt (z. B. rot und grün), in dünnen Streifen (ca. 2 cm lang)
1-1½ TL Salz
150 g Maiskörner aus der Dose, abgetropft
500 g Kidneybohnen aus der Dose, abgetropft (ca. 800 g Bruttogewicht)
6 Sojawürstchen mit Pilzgeschmack (450-600 g), oder vegetarische Würstchen nach Wunsch
3-4 Stängel Koriander oder Blattpetersilie, abgezupft

ZUBEREITUNG

1. Zwiebeln, Knoblauch, Chili und Olivenöl in den Mixtopf geben, **5 Sek./Stufe 5** zerkleinern und mit dem Spatel nach unten schieben.
2. Dann **5 Min./120°C/Stufe** dünsten.
3. Tomaten zugeben und **3 Sek./Stufe 4** zerkleinern.
4. Gemischte Paprikastreifen und Salz zugeben und **20 Min./100°C/↺/Stufe 0.5** garen.
5. Maiskörner und Kidneybohnen in den Mixtopf zugeben. Würstchen in den Varoma-Behälter legen, Varoma aufsetzen und **15 Min./Varoma/↺/Stufe 0.5** garen. Varoma absetzen, Chili in eine Servierschüssel umfüllen, die Würstchen darauflegen, mit Koriander garnieren und heiß servieren.

TIPP

- Servieren Sie dieses Chili mit grünem Salat und Basmati-Reis oder Mais-Tortillas.

VARIANTEN

- Ersetzen Sie die vegetarischen Würstchen durch andere Würstchen Ihrer Wahl.
- Ersetzen Sie die Kidneybohnen durch andere Bohnen oder Hülsenfrüchte (z. B. weiße Bohnen, Kichererbsen).

25 Min. | 1 Std. 5 Min. | einfach | 6 Portionen

Pro Portion: Eiweiß 24 g
Kohlenhydrate 27 g/Fett 21 g
Brennwert 1745 kJ/418 kcal

WIRSING-ROULADEN MIT HIRSEFÜLLUNG UND PILZSAUCE

Bei Wirsing-Rouladen handelt es sich um ein typisch polnisches Gericht, das wir mit Hirse und Pilzen etwas abgewandelt haben. Wetten, dass Sie hier kein Fleisch vermissen? Wir wünschen guten Appetit!

ZUTATEN

Wirsing-Rouladen mit Hirsefüllung

250 g Hirse oder Bulgur
1200 g Wasser
6-12 Wirsingblätter (6 große oder 12 kleinere Blätter)
180 g Zwiebeln, halbiert
2 Knoblauchzehen
200 g frische Pilze (z. B. Champignons, Waldpilze, Shiitake)
20 g Butter
1-1½ TL Salz
½-¾ TL Pfeffer

Pilzsauce

30 g Butter
80 g Sahne
½-¾ TL Salz
¼-½ TL Pfeffer

Hirse

ZUBEREITUNG

Wirsing-Rouladen mit Hirsefüllung

1. Gareinsatz in den Mixtopf einhängen und Hirse einwiegen. Wasser zugeben und mit dem Spatel vermischen, um die Hirse zu befeuchten. Wirsingblätter vorbereiten, den dicken, harten Strunk entfernen und die Blätter in den Varoma-Behälter legen. Varoma aufsetzen und **16 Min./Varoma/Stufe 1** dampfgaren.
2. Varoma abnehmen, auf den Varoma-Deckel stellen und die blanchierten Wirsingblätter abtropfen und abkühlen lassen. Gareinsatz mithilfe des Spatels entnehmen und zur Seite stellen. Mixtopf leeren, Garflüssigkeit dabei auffangen und zur Seite stellen.
3. Zwiebeln und Knoblauch in den Mixtopf geben und **5 Sek./Stufe 5** zerkleinern.
4. Pilze zugeben, **4 Sek./Stufe 4.5** zerkleinern und mit dem Spatel nach unter schieben. Die Waage auf Null setzen und 100 g von der Zwiebel-Pilz-Mischung entnehmen (Waage zeigt jetzt –100 g an), in eine kleine Schüssel geben und für die Sauce zur Seite stellen.
5. Butter zur restlichen Zwiebel-Pilz-Mischung in den Mixtopf zugeben und ohne Messbecher **3 Min./120°C/Stufe 1** dünsten.
6. Gegarte Hirse, Salz und Pfeffer zugeben, mithilfe des Spatels **10 Sek./⟲/Stufe 4** vermischen und abschmecken. Auf jedes große Kohlblatt 2-3 EL Hirsefüllung geben – auf kleine entsprechend weniger – und aufrollen. Die Rouladen in den Varoma-Behälter und auf den Varoma-Einlegeboden verteilen und dabei darauf achten, dass sich evtl. überlappende Kohlenden auf der Unterseite befinden.

Fortsetzung auf Seite **170** ▶

40 Min. | 1 Std. 40 Min. | mittel | 6 Portionen | *Pro Portion:* Eiweiß 6 g, Kohlenhydrate 34 g/Fett 12 g, Brennwert 1185 kJ/283 kcal

▶ Wirsing-Rouladen mit Hirsefüllung und Pilzsauce, Fortsetzung

7. 500 g von der aufgefangenen Garflüssigkeit in den Mixtopf geben, Varoma aufsetzen und **30 Min./Varoma/Stufe 1** dampfgaren. Den geschlossenen Varoma zum Warmhalten auf einen Teller stellen. Mixtopf leeren und Garflüssigkeit für die Pilzsauce wieder auffangen.

Pilzsauce

8. Butter und die zurückbehaltene Zwiebel-Pilz-Mischung in den Mixtopf geben und **5 Min./120°C/Stufe 1** dünsten.
9. Sahne und 200 g von der zum Schluss aufgefangenen Garflüssigkeit zugeben und **5 Min./98°C/Stufe 1** garen.
10. Salz und Pfeffer zugeben, **20 Sek./Stufe 9** pürieren, abschmecken und Pilzsauce umfüllen. Wirsing-Rouladen heiß mit Pilzsauce beträufelt servieren.

TIPP

- Reichen Sie einen Salat aus grünen Bohnen dazu, garniert mit Streifen von roten Paprikaschoten oder Granatapfelkernen.

1. Schritt

6. Schritt

SPARGEL MIT PARMESAN-REIS UND ZITRONEN-ZABAGLIONE

ZUTATEN

30 g Parmesan, in Stücken
1200 g Wasser
1 TL Gewürzpaste für Gemüsebrühe, selbst gemacht, oder 1 Würfel Gemüsebrühe für 0,5 l Wasser
200 g Basmati-Reis
500-700 g Spargel, grün
40 g natives Olivenöl

Zitronen-Zabaglione
4 Eigelb
½ TL Salz
1 Prise Pfeffer
10 g Zitronensaft, frisch gepresst

NÜTZLICHES ZUBEHÖR

Sparschäler

Sie sind auf der Suche nach einer Alternative zur klassischen Sauce Hollandaise? Voilà – diese Zitronen-Zabaglione ist ebenso exquisit, kommt aber ohne Butter aus. Wenn Sie lieber Kartoffeln anstatt Reis zubereiten möchten, wählen Sie die angegebene Zubereitungsmethode. Achten Sie aber darauf, die Garpunkte von Spargel und Kartoffeln zu prüfen und gegebenenfalls das Gemüse, das zuerst fertig ist, herauszunehmen.

ZUBEREITUNG

1. Parmesan in den Mixtopf geben, **10 Sek./Stufe 10** zerkleinern und in eine Schüssel umfüllen.
2. Wasser und Gewürzpaste für Gemüsebrühe in den Mixtopf geben, Gareinsatz einhängen und Basmati-Reis einwiegen.
3. Wenn der Spargel holzige Enden hat, diese abschneiden oder das untere Drittel der Stangen schälen. Spargelstangen so in den Varoma-Behälter legen, dass die Stangen in den einzelnen Lagen immer eine unterschiedliche Ausrichtung haben (längs oder quer) und dadurch der Dampf gut zirkulieren kann. Varoma aufsetzen und **20 Min./Varoma/Stufe 1** dampfgaren. Varoma zur Seite stellen, Gareinsatz mithilfe des Spatels entnehmen, Reis auf einer Servierplatte anrichten, mit Olivenöl beträufeln, abdecken und zur Seite stellen. Prüfen, ob der Spargel ausreichend gegart ist. Falls nicht, Varoma wieder aufsetzen und weitere **5-10 Min./Varoma/Stufe 1** dampfgaren.
4. Den geschlossenen Varoma zum Warmhalten auf einen Teller stellen. Waage auf Null stellen und 120 g Garflüssigkeit in eine kleine Kanne geben (die Waage zeigt –120 g, wenn der Mixtopf wieder zurück ins Gerät gestellt wird). Die restliche Garflüssigkeit entsorgen. Mixtopf spülen.

Fortsetzung auf Seite **172** ▶

30 Min. | 1 Std. | einfach | 4 Portionen

Pro Portion: Eiweiß 13 g/Kohlenhydrate 41 g/Fett 20 g
Brennwert 1685 kJ/403 kcal

► Spargel mit Parmesan-Reis und Zitronen-Zabaglione, Fortsetzung

Zitronen-Zabaglione

5. **Rühraufsatz einsetzen.** Eigelb, Salz, Pfeffer und Zitronensaft in den Mixtopf geben und mit eingesetztem Messbecher **10 Min./70°C/Stufe 3** rühren, während gleichzeitig die aufgefangene Garflüssigkeit langsam auf den Mixtopfdeckel neben den Messbecher gegeben wird, sodass sie als dünner Strahl auf das laufende Messer rinnt.
6. Reis mit zerkleinertem Parmesan bestreuen, Spargel darauflegen. Reis und Spargel mit Zitronen-Zabaglione toppen und sofort servieren.

VARIANTE

- Verwenden Sie weißen Spargel, dann garen Sie im 3. Schritt, nachdem Sie den Gareinsatz mit dem Reis entnommen haben, weitere **5 Min./Varoma/Stufe 1**.

3. Schritt

5. Schritt

COUSCOUS MIT APRIKOSEN, HASELNÜSSEN UND FETA ZU GEMÜSEMIX

ZUTATEN

150 g Haselnüsse
150 g getrocknete Aprikosen, entsteint
300 g Zwiebeln, geviertelt
20 g Knoblauch
60 g Olivenöl und etwas mehr zum Beträufeln
½ TL Salz
200 g Couscous
1 geh. TL Gewürzpaste für Gemüsebrühe, selbst gemacht, oder 1 Würfel Gemüsebrühe für 0,5 l Wasser, zerkrümelt
600 g Wasser
200 g Möhren, in Scheiben (5 mm)
200 g Zucchini, in Scheiben (7-10 mm)
150 g rote Paprikaschoten, in mundgerechten Stücken
100 g gefrorene, grüne Erbsen
200 g Feta, in kleinen Würfeln (5 mm)
2 TL Petersilie, gehackt, zum Garnieren (optional)

Hier wird der Couscous nicht eingeweicht, sondern im Varoma gegart. Die Portionen für 6 Personen sind großzügig bemessen. Sie können mit diesem Rezept auch leicht bis zu 10 Personen glücklich machen, wenn Sie beispielsweise noch einen oder zwei Salate dazu reichen.

ZUBEREITUNG

1. Haselnüsse und getrocknete Aprikosen in den Mixtopf geben, **5-10 Sek./Stufe 5** grob zerkleinern (siehe Tipp) und in eine große Schüssel umfüllen.
2. Zwiebeln, Knoblauch, Olivenöl und Salz in den Mixtopf geben, erst **6 Sek./Stufe 4.5** zerkleinern und dann **13 Min./120°C/Stufe** dünsten.
3. Couscous und Gewürzpaste für Gemüsebrühe zugeben und **10 Sek./ /Stufe 2** verrühren.
4. 200 g Wasser zugeben, mit dem Spatel gut vermischen, mit dem Mixtopfdeckel abdecken und den Couscous 5 Minuten quellen lassen. In dieser Zeit den Gareinsatz auf den Mixtopfdeckel stellen und Möhren, Zucchini, Paprika und Erbsen einwiegen und zur Seite stellen.
5. Gequollenen Couscous in die große Schüssel zu den zerkleinerten Nüssen und Aprikosen geben und 150 g Fetawürfelchen vorsichtig mit dem Spatel vermischen. ¼ der Couscousmischung lose in den Varoma-Behälter streuen und dabei einige Dampfschlitze frei halten. Den restlichen Couscous auf den Varoma-Einlegeboden verteilen. 400 g Wasser in den Mixtopf geben, Gareinsatz mit Gemüse einhängen, Varoma aufsetzen und **17 Min./Varoma/Stufe 1** dampfgaren.
6. Couscous in eine große Schüssel umfüllen und mit einer Gabel auflockern. Gegartes Gemüse mit 1 EL Olivenöl beträufeln und vorsichtig unterheben. Gareinsatz mithilfe des Spatels entnehmen und das Gemüse um den Couscous herum anrichten. Mit gehackter Petersilie und den restlichen 50 g Fetawürfeln bestreuen und heiß servieren.

45 Min. | 1 Std. 15 Min. | mittel | 6 Portionen

Pro Portion: Eiweiß 18 g
Kohlenhydrate 47 g/Fett 37 g
Brennwert 2607 kJ/622 kcal

TIPP

- Softe, getrocknete Aprikosen sind mit den Haselnüssen in 5 Sekunden zerkleinert; sind sie jedoch trocken und härter, brauchen sie bis zu 15 Sekunden.

VARIANTEN

- Garnieren Sie das Gericht zusätzlich mit Pistazien und/oder Granatapfelkernen.
- Ersetzen Sie Couscous halb oder ganz durch Quinoa. Das verleiht dem Gericht einen nussigen Geschmack und erhöht den Eiweißgehalt.

LINSENCURRY MIT KÜRBIS

Diesem Curry kann niemand widerstehen! Lassen Sie den Thermomix® arbeiten und entspannen Sie mit Ihrer Familie oder Ihren Gästen, während das Gericht sich quasi von alleine zubereitet. Für eine kleinere Portionsanzahl können Sie weniger Kürbis verwenden oder aber den Rest des Currys einfach einfrieren. So haben Sie später noch ein kleines Mittagessen fix zur Hand.

ZUTATEN

- 3 geh. TL Kreuzkümmelsamen (10 g)
- 4 geh. TL Korianderkörner (10 g)
- 1½ TL Salz
- 30 g Koriandergrün und etwas mehr zum Garnieren
- 50 g Kokosnussfleisch, frisch, ohne Schale, in Stücken (optional) oder 3 geh. EL Kokosraspel (15 g) (optional)
- 80 g Butter, in Stücken
- 300 g Zwiebeln, in Stücken
- 2 Knoblauchzehen
- ½-¾ TL Cayenne-Pfeffer oder 1-2 grüne Chilischoten, frisch (6-8 cm lang), entkernt
- 1000-1200 g Hokkaido- oder Butternuss-Kürbis, entkernt, in 8 Stücken, mit Schale
- 300 g Linsen, grün, braun oder Puy-Linsen
- 1000 g Wasser
- 250-300 g gegrillte, rote Paprika aus dem Glas, grob geschnitten (1-2 cm)
- 130 g Crème fraîche (optional)

3. Schritt

ZUBEREITUNG

1. Kreuzkümmel, Koriander und Salz in den Mixtopf geben, **6 Min./120°C/Stufe** rösten, dann **1 Min./Stufe 10** mahlen und in eine kleine Schüssel umfüllen.
2. Koriandergrün und Kokosnussfleisch in den Mixtopf geben, **10 Sek./Stufe 7** zerkleinern und in eine weitere kleine Schüssel umfüllen.
3. Butter, Zwiebeln, Knoblauch, Cayenne-Pfeffer und die zuvor selbst gemahlene Gewürzmischung in den Mixtopf geben, **7 Sek./Stufe 5** zerkleinern und dann **5 Min./120°C/Stufe** dünsten. In dieser Zeit die Kürbisstücke mit der Schale nach unten in den Varoma-Behälter legen und zur Seite stellen.
4. Linsen und Wasser in den Mixtopf zugeben, Varoma aufsetzen und **35-40 Min./Varoma/⟲/Stufe 1** garen, bis die Linsen weich, aber nicht zerkocht sind (siehe Tipp). Den geschlossenen Varoma zum Warmhalten auf einen Teller stellen.
5. Die Koriander-Kokosnuss-Mischung, gegrillte, rote Paprika und 50 g Crème fraîche in den Mixtopf zugeben, mit dem Spatel vermischen und abschmecken. Linsencurry und die gegarten Kürbisstücke mit frischem Koriander bestreuen, mit 80 g Crème fraîche toppen und heiß servieren. Kürbisfleisch aus der Schale löffeln und die Schale entsorgen.

Fortsetzung auf Seite **178** ▶

35 Min. | 1 Std. 15 Min. | einfach | 8 Portionen

Pro Portion: Eiweiß 13 g
Kohlenhydrate 33 g/Fett 17 g
Brennwert 1504 kJ/358 kcal

▶ Linsencurry mit Kürbis, Fortsetzung

TIPPS

- Die verschiedenen Linsensorten unterscheiden sich sehr in der Menge Wasser, die sie aufsaugen, und in der Garzeit. Sind Ihre Linsen am Ende des 4. Schritts noch nicht weich, setzen Sie den Varoma zur Seite, geben 100 g Wasser in den Mixtopf zu und garen weitere **5 Min./100°C/⟲/Stufe 1**. Falls nötig, weitere 100 g Wasser zugeben und Garen wiederholen.
- Essen Kinder dieses Gericht, verwenden Sie nur ¼ TL Cayenne-Pfeffer. Reichen Sie griechischen Joghurt dazu; das nimmt auch etwas die Schärfe.

VARIANTEN

- Soll das Gericht eher wie ein indisches Dal, also etwas breiig sein, pürieren Sie das Curry am Ende des 6. Schritts **20 Sek./Stufe 6**.
- Verwenden Sie Würfel von frischen, roten Paprikaschoten anstelle von geröstetem Paprika aus dem Glas. Das gibt ihm etwas Frische und Biss.
- Butter kann durch Kokosnussöl und Crème fraîche durch Kokosnusscreme ersetzt werden.

Tipp

TOMATEN MIT PILZ-NUSS-FÜLLUNG

ZUTATEN

50 g gemischte, ganze Nüsse (z. B. Mandeln, Walnüsse)
30 g natives Olivenöl
50 g Zwiebeln, halbiert
1300 g Tomaten, reif (Ø 5-6 cm) (siehe Tipp)
100 g frische Pilze (z. B. Champignons, Austernpilze)
1 TL Salz
1 Prise Pfeffer
10-12 Blätter frische Minze oder 1 TL Minze, getrocknet
4-5 Stängel Petersilie, abgezupft, und etwas mehr zum Garnieren
75 g Langkornreis, weiß
20 g Zitronensaft, frisch gepresst (ca. ½ Zitrone)

NÜTZLICHES ZUBEHÖR

Melonenausstecher

Machen Sie sich bereit für eine Geschmacksexplosion aus Zypern! Tomaten, Zitrone und Minze geben hier den Ton an; der Reis mit Nüssen und Pilzen gibt den perfekten Crunch. Diese Mahlzeit können Sie als vegetarisches Hauptgericht oder Beilage zu Fisch oder Fleisch servieren.

ZUBEREITUNG

1. Nüsse in den Mixtopf geben, **8 Sek./Stufe 5** zerkleinern und in eine Schüssel umfüllen.
2. 20 g Olivenöl und Zwiebeln in den Mixtopf geben, **5 Sek./Stufe 5** zerkleinern und anschließend **3 Min./120°C/Stufe 1** dünsten. In dieser Zeit von jeder Tomate eine ca. 2 cm dicke Scheibe abschneiden und zwar an der dem Stielansatz gegenüberliegenden Seite. Damit wird die Tomate so abgeflacht, dass sie zwischen Varoma-Einlegeboden und Deckel passt. Die abgeschnittenen Tomatenscheiben für später zur Seite stellen.
3. 125 g von den abgeschnittenen Tomatenscheiben, Pilze, ½ TL Salz, Pfeffer, 6-8 Minzblätter (oder ½ TL getrocknete Minze) und Petersilie in den Mixtopf zugeben, **5 Sek./Stufe 5** zerkleinern und dann **10 Min./Varoma/Stufe 1** garen. In dieser Zeit die Tomaten mit einem Löffel oder einem Melonenausstecher aushöhlen, Tomatenkerne und Saft auffangen und mit den restlichen Tomatenscheiben für später zur Seite stellen. Die ausgehöhlten Tomaten mit der Öffnung nach oben in Varoma-Behälter und Einlegeboden verteilen.

Fortsetzung auf Seite **180** ▶

35 Min. | 1 Std. 5 Min. | mittel | 3 Portionen

Pro Portion: Eiweiß 11 g
Kohlenhydrate 33 g/Fett 22 g
Brennwert 1644 kJ/392 kcal

▶ Tomaten mit Pilz-Nuss-Füllung, Fortsetzung

4. Langkornreis, zerkleinerte Nüsse und Zitronensaft in den Mixtopf zugeben, **5 Sek./↺/Stufe 3** vermischen und die Tomaten damit füllen.
5. Die Tomatenreste (ca. 500 g Kerne und Tomatenscheiben), 4 Minzblätter (oder ½ TL getrocknete Minze), ½ TL Salz und 10 g Olivenöl in den Mixtopf geben und **5 Sek./Stufe 5** zerkleinern. Varoma aufsetzen und **30 Min./Varoma/Stufe 1** dampfgaren. Varoma abnehmen, Tomatensauce auf eine Servierplatte geben, die gefüllten Tomaten daraufsetzen, mit Petersilienblättern garnieren und warm oder kalt servieren.

TIPP

- Wählen Sie Tomaten, die groß genug sind, um gefüllt zu werden, aber klein genug, um zwischen Varoma-Einlegeboden und Varoma-Deckel zu passen (Ø 5-6 cm). Je nach Größe und Form passen 8-12 Tomaten.

VARIANTEN

- Diese Füllung kann man auch zum Füllen von Weinblättern verwenden. Weinblätter kann man frisch oder konserviert kaufen. In jedem Fall übergießt man die Weinblätter 1 Minute mit kochendem Wasser, lässt sie abtropfen und tupft sie vor dem Füllen trocken. Füllt man Weinblätter, braucht man nur 600-650 g Tomaten. Nehmen Sie 125 g gehackte Tomaten anstelle der Tomatenscheiben im 3. Schritt und die restlichen gehackten Tomaten im 5. Schritt anstelle der Scheiben und Kerne. Füllen Sie im 4. Schritt die Weinblätter und fahren Sie mit dem Rezept wie beschrieben fort.
- Mit dieser Mischung kann man auch Kohlblätter, Zucchini, Paprikaschoten, Zwiebeln und anderes Gemüse füllen.

2. Schritt

4. Schritt

BEILAGEN

BOHNENWICKEL MIT KARTOFFELN UND THYMIANBUTTER

ZUTATEN

500 g Wasser
1½ TL Salz
600 g Kartoffeln, gewürfelt (3 cm)
200 g frische, grüne Bohnen
8-16 Scheiben durchwachsener Speck, geräuchert (100 g), dünn geschnitten
80-100 g Butter, in Stücken
1-2 TL frische Thymianblättchen oder 1 TL getrockneter Thymian

NÜTZLICHES ZUBEHÖR

kleine hitzebeständige Schüssel, Tasse oder Auflaufförmchen

Während der Braten im Backofen ist und Sie mit den Gästen plaudern, werden diese Beilagen im Thermomix® perfekt zubereitet. Die Thymian-Butter-Sauce schmilzt von allein, während die grünen Bohnen und Kartoffeln schonend im Varoma garen. Sie können die Beilagen auch pur servieren und statt eines Bratens einen leichten Salat dazu reichen.

ZUBEREITUNG

1. Wasser und 1 TL Salz in den Mixtopf geben, Gareinsatz einhängen, Kartoffeln einwiegen und Varoma-Behälter aufsetzen.
2. Die grünen Bohnen in 8 Päckchen aufteilen, jedes mit 1-2 Scheiben Schinkenspeck umwickeln und in die Mitte des Varoma-Behälters legen, um sicherzustellen, dass die Bohnen gleichmäßig gegart werden.
3. Eine kleine hitzebeständige Schüssel, Tasse oder Auflaufform auf den eingesetzten Varoma-Einlegeboden stellen, Butter, ½ TL Salz und Thymian hineingeben, Varoma verschließen und **28 Min./Varoma/Stufe 1** dampfgaren. Varoma vorsichtig öffnen und prüfen, ob Bohnen und Kartoffeln ausreichend gegart sind. Falls nötig, weitere **2-5 Min./Varoma/Stufe 1** garen. Die grünen Bohnen und die Kartoffeln mit der Thymianbutter beträufelt servieren.

VARIANTEN

- Für Vegetarier wird der Schinken weggelassen. Die Bohnen werden dann mit dem Grün von Frühlingszwiebeln oder mit Schnittlauchhalmen zusammengebunden.
- Statt der Thymianbutter kann man auch eine Schmand-Schnittlauch-Sauce dazu reichen.
- Geben Sie mit dem Thymian etwas gehackten Knoblauch zur Butter.

2. Schritt

20 Min. | 50 Min. | einfach | 4 Portionen

Pro Portion: Eiweiß 8 g
Kohlenhydrate 26 g/Fett 26 g
Brennwert 1596 kJ/382 kcal

EINGELEGTE PAPRIKASCHOTEN

Diese marinierten Paprika machen sich gut als frische und farbenfrohe Beilage zu Ihrer Mahlzeit. Sie passen sehr gut auf jedes Buffet und sind, verpackt in einem luftdichten und sterilisierten Glas, auch das perfekte Gastgeschenk aus der eigenen Küche.

ZUTATEN

500 g Wasser
700 g Paprikaschoten, gemischt (z. B. rot, grün, gelb, orange)
100 g natives Olivenöl
35 g Weißweinessig
1 TL Kreuzkümmel (Cumin), gemahlen, oder 3 Prisen Pfeffer
3 Prisen Salz

NÜTZLICHES ZUBEHÖR

Vorratsglas

ZUBEREITUNG

1. Wasser in den Mixtopf geben und **5 Min./Varoma/Stufe 1** zum Kochen bringen. In dieser Zeit Paprikaschoten entkernen und in Streifen schneiden.
2. Varoma aufsetzen, Paprikastreifen hineinlegen, Varoma verschließen und **12-14 Min./Varoma/Stufe 1** bissfest dampfgaren. Varoma abnehmen, Paprikastreifen in eine Servierschüssel oder ein Vorratsglas umfüllen. Mixtopf leeren.
3. Olivenöl, Weißweinessig, Kreuzkümmel und Salz in den Mixtopf geben, **20 Sek./Stufe 6** vermischen, das Dressing über die Paprikastreifen geben und vorsichtig mit dem Spatel vermischen. Mindestens 30 Minuten marinieren und abkühlen lassen, abschmecken und zimmerwarm oder gekühlt als Beilage servieren.

TIPPS

- Zu Fisch oder gegrilltem Fleisch servieren.
- Der Geschmack wird noch intensiver, wenn die Paprikastreifen länger marinieren können.
- In einem sauberen Glas im Kühlschrank halten sie sich etwa 1 Woche.

VARIANTE

- **Mediterrane eingelegte Paprikaschoten:** Im 2. Schritt nach dem Dampfgaren Anchovis, Kapern, Oregano und schwarze Oliven nach Geschmack in die Servierschüssel zugeben.

2. Schritt

15 Min. | 55 Min. | einfach | 6 Portionen

Pro Portion: Eiweiß 2 g
Kohlenhydrate 6 g/Fett 9 g
Brennwert 490 kJ/117 kcal

SPIEGELEIER DAMPFGEGART

Frühstück ist fertig! Im Varoma gegarte Spiegeleier brauchen nur sehr wenig Fett. Nehmen Sie am besten frische Bio-Eier, um den besonders delikaten Geschmack zu unterstreichen. Aufgrund der Größe des Varoma-Einlegebodens empfehlen wir, 6 Eier auf einmal zu garen. Sie können auch weniger Eier nehmen, bitte lesen Sie hierzu den Tipp.

ZUTATEN

400 g Wasser
1 TL Öl (z. B. Rapsöl, Sonnenblumenöl)
6 Eier, gekühlt
Salz nach Geschmack
Pfeffer nach Geschmack (optional)
Paprika edelsüß nach Geschmack (optional)

NÜTZLICHES ZUBEHÖR

Backpapier

ZUBEREITUNG

1. Wasser in den Mixtopf geben und **5 Min./100°C/Stufe 1** zum Kochen bringen. In dieser Zeit den Varoma-Einlegeboden so mit Backpapier belegen, dass es rundum am Rand 2 cm hochsteht, Backpapier ölen und die Eier darauf aufschlagen. Nach Geschmack mit Salz, Pfeffer und Paprika würzen.
2. Varoma mit Einlegeboden aufsetzen, **6 Min./Varoma/Stufe 1** dampfgaren (siehe Tipp) und heiß servieren.

TIPPS

- Zum Frühstück oder als Beilage servieren.
- Ist das Eiweiß noch nicht fest genug, lassen Sie den verschlossenen Varoma noch 1-2 Minuten auf dem Mixtopfdeckel stehen, um die Eier in der Restwärme vorsichtig nachzugaren.
- Wünschen Sie Ihr Eigelb fester, verlängern Sie die Dampfgarzeit um 1 Minute.
- Haben die Eier Raumtemperatur, kann die Dampfgarzeit um 20-30 Sekunden verkürzt werden.
- Wollen Sie weniger Eier (1-5) dampfgaren, kann das Ergebnis etwas uneinheitlicher ausfallen, weil das Eiweiß auf dem Backpapier dann weiter auseinander laufen kann.

VARIANTE

- Die Eier können vor dem Dampfgaren mit Schinkenspeckwürfeln, kleinen Stücken gekochtem Schinken, Schnittlauchröllchen oder geriebenem Käse bestreut werden.

1. Schritt

10 Min. | 15 Min. | einfach | 6 Eier

Pro Ei: Eiweiß 7 g
Kohlenhydrate 1 g/Fett 6 g
Brennwert 344 kJ/82 kcal

SNACKS UND FINGERFOOD

TÄSCHCHEN MIT KOHL UND SCHWEINEFLEISCH

ZUTATEN

Teig für die Täschchen

1 EL Öl und etwas mehr zum Einfetten
150 g Wasser und etwas mehr nach Bedarf
300 g Mehl
¼ TL Salz

Füllung und Fertigstellung

400 g Weißkohlblätter, in Stücken
1½ TL Salz
350 g Schweinehackfleisch
530 g Wasser
20 g Sojasauce
10 g Reiswein oder Sake
½ TL Zucker
½ TL Pfeffer
1 EL Sesamöl, ungeröstet (15 g)
Mehl zum Bemehlen

NÜTZLICHES ZUBEHÖR

Nudelholz

Wenn Sie gefüllte Täschchen zubereiten möchten, ist der Thermomix® Ihr perfekter Küchenhelfer! Er knetet den Teig, schneidet und mixt die Füllung und gart die fertigen Täschchen im Dampf im Varoma. Klingt gut, oder? Keine Angst vor dem Formen der Täschchen – lassen Sie sich beim ersten Mal etwas Zeit und probieren Sie in Ruhe aus. Spätestens beim zweiten Mal haben Sie den Dreh raus!.

ZUBEREITUNG

Teig für die Täschchen

1. Varoma-Behälter, Varoma-Einlegeboden und eine kleine Schüssel (½ l) einfetten und zur Seite stellen.
2. Wasser, Mehl, Öl und Salz in den Mixtopf geben und **2 Min./** kneten. Sollte der Teig zu trocken sein, zusätzliche 10 g Wasser (2 TL) zugeben und weitere **1 Min./** kneten. Teig in die vorbereitete Schüssel geben, zu einer Kugel formen und abgedeckt 15 Minuten ruhen lassen. In dieser Zeit die Füllung vorbereiten.

Füllung und Fertigstellung

3. Weißkohlblätter und 1 TL Salz in den Mixtopf geben, mithilfe des Spatels **20 Sek./Stufe 4** zerkleinern, zum Abtropfen in den Gareinsatz umfüllen und zur Seite stellen.
4. Schweinehackfleisch, 30 g Wasser, Sojasauce, Reiswein, Zucker, ½ TL Salz, Pfeffer und Sesamöl in den Mixtopf geben, **2 Min./Stufe 4** vermischen und mit dem Spatel nach unten schieben.

Fortsetzung auf Seite **194** ▶

1 Std. 15 Min. | 1 Std. 35 Min. | aufwendig | 32 Stück

Pro Stück: Eiweiß 3 g
Kohlenhydrate 7 g/Fett 4 g
Brennwert 318 kJ/76 kcal

▶ Täschchen mit Kohl und Schweinefleisch, Fortsetzung

5. Alle Flüssigkeit aus dem Weißkohl pressen, indem der Weißkohl mit dem Spatel an die Wände des Gareinsatzes gedrückt wird. Ausgedrückten Weißkohl in den Mixtopf zugeben, **6 Sek./↺/Stufe 6** vermischen und Füllung auf einen großen Teller umfüllen. Mixtopf spülen.
6. Teig aus der Schüssel auf eine bemehlte Arbeitsfläche geben, in 4 gleich große Stücke teilen und aus jedem Teigstück 1 Strang (Ø 2 cm) formen. Mithilfe des Spatels jeden der 4 Stränge in 8-10 kurze Stücke teilen und diese zu kleinen Kugeln formen.
7. Mit einem Nudelholz jede kleine Kugeln zu einer runden, dünnen Teigplatte (Ø 9 cm) ausrollen, 1 EL Füllung in die Mitte geben und eine Teighälfte über die andere klappen, sodass ein Halbkreis entsteht. Den Rand der Teigtaschen in der Mitte zusammendrücken, die Teigtasche in eine Hand nehmen und mit der anderen Hand den Rand jeweils von der Mitte zum äußeren Rand hin in Falten legen. Fertige Teigtaschen in den vorbereiteten Varoma-Behälter und Einlegeboden verteilen.
8. 500 g Wasser in den Mixtopf geben, Varoma aufsetzen und **20 Min./Varoma/Stufe 1** dampfgaren. Varoma abnehmen und Teigtaschen heiß servieren.

TIPPS

- Diese Täschchen werden üblicherweise mit einem Dip aus schwarzem Reisessig oder Sojasauce oder einer Mischung aus beiden (z. B. 3 EL Sojasauce und 1 EL schwarzem Reisessig) serviert. Gehackter Knoblauch oder Chili passen auch in diese Dips.
- Haben Sie es eilig, dann nehmen Sie fertigen Teig für Teigtaschen aus dem Asia-Shop.
- Diese gefüllten Täschchen kann man auch auf Vorrat vorbereiten und einfrieren. Die gefrorenen Täschchen dann wie beschrieben garen, ohne sie vorher aufzutauen, aber mit einer um 5 Minuten verlängerten Dampfgarzeit.

5. Schritt

6. Schritt

7. Schritt

DIM SUM „SHUMAI"

Beeindrucken Sie Ihre Gäste mit selbst gemachten „Dim Sum"! Diese Teigbeutelchen werden in vielen Regionen Chinas in zahlreichen Varianten gegessen. Experimentieren Sie und machen Sie Ihre eigenen Versionen, z. B. mit Fleisch oder vegetarisch. Sie werden sehen, wie lecker und unterschiedlich sie schmecken können!

ZUTATEN

10 g Möhre

Shumai-Teig

50 g Wasser
180 g Mehl
1 Ei

Füllung

300 g Schweinebauch, ohne Knochen und Schwarte, in Stücken (3 cm)
15-20 g frische Pilze (z. B. Shiitake, Champignons, Pfifferlinge)
5-10 g frischer Ingwer, in dünnen Scheiben (optional)
270 g Garnelen, roh, geschält, frisch oder gefroren
1 EL Zucker
2 EL Sesamöl, ungeröstet (30 g, siehe Tipp)
1 TL Salz
½ TL Pfeffer
1 TL Speisestärke
Öl zum Einfetten
Mehl zum Bemehlen
500 g Wasser

NÜTZLICHES ZUBEHÖR

Nudelholz

ZUBEREITUNG

1. Möhre in den Mixtopf geben, **5 Sek./Stufe 6** zerkleinern und in eine kleine Schüssel umfüllen.

Shumai-Teig

2. Wasser in den Mixtopf geben und **2 Min./80°C/Stufe 1** erhitzen.
3. Mehl und Ei zugeben, **40 Sek./Stufe 3-5 schrittweise ansteigend** kneten, Teig zu einer Kugel formen, in eine Schüssel geben und zugedeckt 15 Minuten ruhen lassen.

Füllung

4. Schweinebauch, Pilze, Ingwer und Garnelen in den Mixtopf geben und **6 Sek./Stufe 5** zerkleinern.
5. Zucker, Sesamöl, Salz, Pfeffer und Speisestärke zugeben und **1 Min./Stufe 2.5** vermischen. In dieser Zeit Varoma-Behälter und Einlegeboden einfetten und zur Seite stellen.

Fortsetzung auf Seite **198** ▶

1 Std. 25 Min. | 2 Std. | aufwendig | 40 Stück

Pro Stück: Eiweiß 3 g
Kohlenhydrate 4 g/Fett 3 g
Brennwert 240 kJ/57 kcal

▶ Dim Sum „Shumai", Fortsetzung

6. Teig in 40 gleich große Stücke teilen und zu kleinen Kugeln formen. Teigkugeln auf einer bemehlten Arbeitsfläche so dünn wie möglich rund (ca. Ø 7-10 cm) als Shumai-Hülle ausrollen. 1½ TL Füllung auf eine Teighülle legen, Zeigefinger und Daumen der linken Hand so zusammendrücken, dass sie einen kleinen Kreis bilden, Teighülle mit Füllung auf diesen Fingerkreis legen und etwas nach unten durchrutschen lassen. Dabei mit der anderen Hand die Fleischfüllung leicht hineindrücken und dann die Teigränder im Uhrzeigersinn an mehreren Stellen zusammenkneifen. Zum Schluss soll es aussehen wie ein kleines, flaches, oben offenes Beutelchen. Jedes Shumai mit etwas zerkleinerter Möhre garnieren und mit etwas Abstand zueinander in Varoma-Behälter und Einlegeboden verteilen. Mixtopf spülen.
7. Wasser in den Mixtopf geben, Varoma aufsetzen, **17 Min./Varoma/Stufe 1** dampfgaren und Shumai sofort servieren.

TIPPS

- Ist nur dunkles Öl von geröstetem Sesam verfügbar, dann nur 1 EL geröstetes Sesamöl nehmen und 1 EL Sonnenblumenöl.
- Diese Shumai werden üblicherweise ohne Sauce serviert. Wer möchte, kann 2 EL Sojasauce mit 3-5 Tropfen Essig vermischen und als Dip dazu reichen.
- Wenn es mal schnell gehen muss, kann man auch fertige, gelbe Wonton-Blätter im Asia-Shop kaufen. Schneiden Sie dann die Ecken ab, um sie rund zu machen, oder verwenden Sie sie einfach, wie sie sind.

VARIANTEN

- Im 4. Schritt 15 g Frühlingszwiebeln, grob geschnitten, zugeben.
- **Vegetarische Shumai:** Anstelle des 4. und 5. Schritts 400 g gemischte, frische Pilze, 5 g frischen Ingwer, in dünnen Scheiben, 50 g Möhren und 30 g Öl in den Mixtopf geben, **3 Sek./Stufe 5** zerkleinern und **5 Min./120°C/Stufe 🥄** dünsten. 120 g Reis (Rund- oder Langkornreis), ½ TL Salz, 1 TL Zucker und 2 TL Sojasauce zugeben und **8 Min./100°C/⟲/Stufe 0.5** garen. Diese Füllung in eine Schüssel umfüllen und wie im 6. Schritt beschrieben fortfahren. Im 7. Schritt dann **25 Min./Varoma/Stufe 1** dampfgaren.
- **Fisch-Shumai:** Anstelle des 4. und 5. Schritts 500 g weißes Fischfilet (ohne Haut), in Stücken, 5 g frischen Ingwer, in dünnen Scheiben, 8 Stängel Koriander, abgezupft, 1 TL Zucker, 2 TL Sesamöl, 2 TL Sojasauce, 1 TL Speisestärke, 1 TL Salz und ¼ TL weißen Pfeffer zugeben und **7 Sek./Stufe 5** vermischen. Diese Füllung in eine Schüssel umfüllen und wie im 6. Schritt beschrieben fortfahren. Vor dem Dampfgaren im 7. Schritt jedes Shumai mit einem kleinen Korianderblatt garnieren.

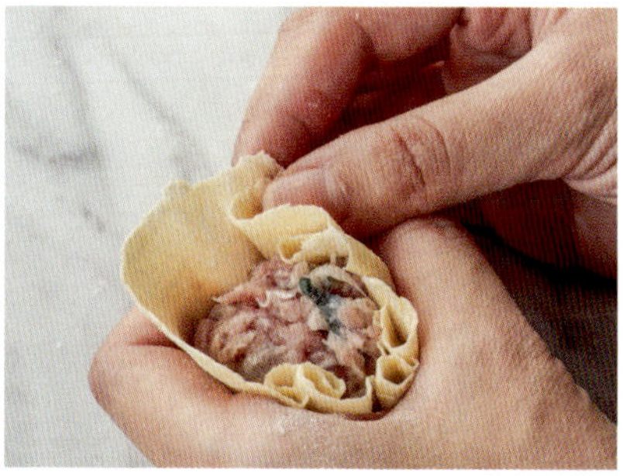

Schritt 6

FLEISCHBÄLLCHEN IM REISMANTEL

Überraschen Sie Ihre Familie mit diesen köstlichen Hackbällchen! Der Klebreis gibt ihnen ihr typisches Aussehen – als wären sie in kleine Perlen gefallen. Sie können sie als Fingerfood servieren oder auch sehr gut als Flying Buffet für eine Party einplanen.

ZUTATEN

200 g Klebreis, weiß, oder Sushi Reis
350 g Schweinebauch, ohne Knochen und Schwarte, in Stücken (5 cm) (siehe Varianten)
3-4 Shiitakepilze, frisch (ca. 50 g), oder 10 g Shiitakepilze, getrocknet, eingeweicht (siehe Tipp)
25 g Möhren
20 g Wasserkastanien, frisch, geschält, halbiert, oder 20 g Radieschen, halbiert
5-10 g frischer Ingwer, in dünnen Scheiben
20 g Frühlingszwiebeln, in Stücken (2 cm)
2 Prisen Pfeffer
½ TL Salz
½ TL Zucker
1 TL Speisestärke
20 g Sojasauce
600 g Wasser

ZUBEREITUNG

1. Eine Schüssel auf den Mixtopfdeckel stellen, Klebreis einwiegen, Reis mit Wasser bedecken und zum Einweichen zur Seite stellen. Einen Teller auf den Mixtopfdeckel stellen, Schweinebauch darauf wiegen und in den Gefrierschrank stellen. 1 Stunde den Reis einweichen und das Fleisch gefrieren lassen.
2. Das angefrorene Schweinefleisch in den Mixtopf geben und **25 Sek./Stufe 6** zerkleinern.
3. Shiitakepilze, Möhren, Wasserkastanien, Ingwer, Frühlingszwiebeln, Pfeffer, Salz, Zucker, Speisestärke und Sojasauce zugeben, **10 Sek./Stufe 6** zerkleinern und mit dem Spatel nach unten schieben.
4. Mischung **1 Min./**[Teigknetstufe] kneten, auf einen Teller umfüllen, mit dem Spatel in vier gleiche Teile aufteilen und aus jedem Viertel 8 kleine Bällchen (ca. Ø 3 cm) formen. Den eingeweichten Reis zum Abtropfen in den Gareinsatz geben. Jedes kleine Fleischbällchen rundum im Reis wälzen und mit Reis ummanteln. 14 Bällchen in den Varoma-Behälter legen, Einlegeboden einsetzen und 18 Bällchen darauf verteilen.
5. Wasser in den Mixtopf geben, Varoma aufsetzen, **30 Min./Varoma/Stufe 1** dampfgaren und heiß servieren.

4. Schritt

TIPPS

- Kommen getrocknete Pilze zum Einsatz, müssen sie mit heißem Wasser bedeckt im 1. Schritt 30 Minuten einweichen. Dann im Gareinsatz abtropfen lassen und zur Seite stellen.
- Fleischbällchen im Reismantel werden üblicherweise ohne Dip serviert. Falls gewünscht, kann eine süß-saure Thaisauce dazu gereicht werden.
- Klebreis finden Sie im gut sortierten Supermarkt oder im Asia-Shop, oder ersetzen Sie ihn durch Sushi Reis.

VARIANTEN

- Der Schweinebauch kann durch Schweinehackfleisch ersetzt werden, wenn es nicht zu mager ist (30% Fett), denn der Fettanteil ist für die besonders angenehme Konsistenz erforderlich. Wird Hackfleisch verwendet, sind das Einfrieren im 1. Schritt und der ganze 2. Schritt überflüssig.
- Die frischen Wasserkastanien können durch zuvor abgetropfte Wasserkastanien aus der Dose oder dem Glas ersetzt werden.

30 Min. | 2 Std. | mittel | 32 Stück

Pro Stück: Eiweiß 3 g
Kohlenhydrate 6 g/Fett 2 g
Brennwert 225 kJ/54 kcal

KLEBREIS-TÜRMCHEN MIT SCHWEINEFLEISCH

Diese Reistürmchen sind ein beliebter Snack auf Nachtmärkten in Taiwan. Wenn Sie den Reis vorher einweichen, sind die Türmchen schnell im Thermomix® gemacht.

ZUTATEN

Süß-scharfe Chilisauce

2 EL Chilisauce, rot, z.B. Tabasco
1 EL Tomaten-Ketchup
30 g Zucker
100 g Wasser
½ TL Kartoffelstärke oder Speisestärke (Maisstärke)

Klebreis-Türmchen

450 g Klebreis, weiß (Rundkorn) oder 450 g Sushi Reis
50 g Sojasauce
30 g Zucker
1 Prise Pfeffer
200 g Schweinefleisch, mager, sehnenfrei, in dünnen Streifen (5 x 1 x 0,5 cm)
30 g Öl
12-15 Shiitakepilze, getrocknet (ca. 20 g), eingeweicht, in Streifen, oder 20 g Pilze, getrocknet, eingeweicht, in Streifen
50 g Krabben, getrocknet (optional)
600 g Wasser
5 Stängel Koriandergrün, grob gehackt, zum Garnieren
10 g Erdnüsse, geröstet, ungesalzen, grob gehackt, zum Garnieren

NÜTZLICHES ZUBEHÖR

10 Metallformen (Ø 5 cm, 5 cm hoch)

ZUBEREITUNG

Süß-scharfe Chilisauce

1. Chilisauce, Tomaten-Ketchup, Zucker, Wasser und Kartoffelstärke in den Mixtopf geben, **5 Min./100°C/Stufe** kochen und in eine kleine Schüssel umfüllen.

Klebreis-Türmchen

2. Gareinsatz auf den Mixtopfdeckel stellen, Klebreis einwiegen und unter fließendem, kaltem Wasser abspülen. Abgetropften Reis in eine Schüssel geben, mit Wasser bedecken und mindestens 1 Stunde oder im Kühlschrank über Nacht einweichen lassen.
3. Eine Schüssel (0,5 l) auf den Mixtopfdeckel stellen, Sojasauce, Zucker, Pfeffer und Schweinefleischstreifen einwiegen und gut vermischen. Fleisch 10 Minuten marinieren lassen und in dieser Zeit mit dem Rezept fortfahren.
4. Öl, Shiitakepilze und die getrockneten Krabben in den Mixtopf geben und **5 Min./120°C/Stufe 1** dünsten.
5. Das marinierte Fleisch mit der Marinade zugeben und **5 Min./100°C/Stufe 1** dünsten.
6. Abgetropften Klebreis zugeben, **5 Min./100°C/Stufe 1** dünsten, Reis-Fleisch-Mischung in 10 Metallformen (Ø 5 cm, 5 cm hoch) füllen und in den Varoma-Behälter stellen.
7. Wasser in den Mixtopf geben, Varoma aufsetzen und **40 Min./Varoma/Stufe 1** dampfgaren. Varoma abnehmen, die Reistürmchen aus den Förmchen auf Teller stürzen, mit gehacktem Koriander und gehackten Erdnüssen garnieren und heiß zusammen mit der süß-scharfen Chilisauce servieren.

25 Min. | 2 Std. 30 Min. | mittel | 10 Stück

Pro Stück: Eiweiß 12 g
Kohlenhydrate 45 g/Fett 5 g
Brennwert 1163 kJ/278 kcal

6. Schritt

TIPPS

- Verwenden Sie langkörnigen Klebreis, dann weichen Sie ihn länger ein: mindestens 3 Stunden oder über Nacht im Kühlschrank.
- Kleine, getrocknete Krabben findet man im Asia-Shop. Sie können sie aber auch weglassen oder durch Schalotten – eine reizvolle Variante – ersetzen.
- Verwenden Sie Metallförmchen in Becherform. Sie können auch 7 hitzebeständige Trinkgläser (Ø 7 cm, 6 cm hoch). nehmen. In dem Fall erhöhen Sie die Wassermenge auf 900 g und die Dampfgarzeit auf 50-55 Minuten. Haben Ihre Förmchen oder Gläser eine andere als die hier angegebene Größe, kann es erforderlich sein, die Dampfgarzeit anzupassen.

BROT
UND BRÖTCHEN

VOLLKORNBROT AUS DEM VAROMA

Der Backofen bleibt heute kalt, denn dieses Vollkornbrot wird im Varoma gegart! Das Ergebnis ist ein saftiges, aromatisches Brot – besonders lecker mit Butter oder Ihrem Lieblingsaufstrich. Wenn Sie ausreichend Zeit haben, können Sie den Hefeanteil reduzieren und den Teig dafür länger gehen lassen. Bitte lesen Sie dazu die 1. Variante.

ZUTATEN

1 EL Butter zum Einfetten
2 EL Grieß (Weich- oder Hartweizengrieß) oder zarte Haferflocken oder Leinsamen, zum Ausstreuen
250 g Dinkelkörner oder Weizenkörner
1250 g Wasser
10 g Zuckerrübensirup (optional) oder Honig (optional)
20 g frische Hefe oder 2 TL Trockenhefe (8 g)
50 g Weizenmehl Type 550 und etwas mehr zum Bemehlen
10 g Balsamessig
1 TL Salz
100 g Sonnenblumenkerne oder 60-80 g Kerne, gemischt (z. B. Kürbiskerne, Leinsamen)

NÜTZLICHES ZUBEHÖR

Brotkastenform (Metall, 20 cm lang)
hitzebeständige Frischhaltefolie
Kuchengitter

4. Schritt

ZUBEREITUNG

1. Eine Brotkastenform (Metall, 20 cm lang), die in den Varoma passt, mit Butter einfetten, mit Grieß ausstreuen und zur Seite stellen.
2. Dinkelkörner in den Mixtopf geben, **1 Min./Stufe 10** mahlen und in eine Schüssel umfüllen.
3. 250 g Wasser, Zuckerrübensirup und Hefe in den Mixtopf geben und **2 Min./37°C/Stufe 1** erwärmen.
4. Gemahlenen Dinkel, Weizenmehl, Balsamessig, Salz und Sonnenblumenkerne zugeben, **30 Sek./Stufe 3** vermischen, Teig in die vorbereitete Brotbackform geben, Oberfläche mit Mehl bestäuben und mit hitzebeständiger Frischhaltefolie abdecken. Backform in den Varoma-Behälter stellen und 15 Minuten gehen lassen. Mixtopf spülen.
5. 1000 g Wasser in den Mixtopf geben, Varoma aufsetzen und **50 Min./Varoma/Stufe 1** dampfgaren (zu Silikonformen siehe Tipp).
6. Varoma absetzen, Brotbackform herausnehmen, Frischhaltefolie entfernen und Brot 10 Minuten in der Form abkühlen lassen. Brot auf einem Kuchengitter ganz abkühlen lassen, in Scheiben schneiden und servieren.

TIPP

- Bei einer Silikonbackform, Dampfgarzeit um 10 Minuten verlängern.

VARIANTEN

- Darf das Brot länger gehen, kann die Hefemenge auf 10 g reduziert werden: im 4. Schritt den abgedeckten Brotteig dann 2-3 Stunden an einem warmen Ort oder über Nacht im Kühlschrank gehen lassen und anschließend mit dem 5. Schritt fortfahren.
- **Nussbrot:** Statt der Sonnenblumenkerne 80 g Nüsse (Hasel- oder Walnüsse) zugeben.
- **Möhrenbrot:** Nach dem 2. Schritt 100 g Möhren, in Stücken, in den Mixtopf geben und **4 Sek./Stufe 5** zerkleinern. Zerkleinerte Möhren im Mixtopf lassen und wie im Rezept beschrieben fortfahren.
- **Möhren-Walnuss-Brot:** Nach dem 2. Schritt 80 g Möhren, in Stücken, in den Mixtopf geben und **4 Sek./Stufe 5** zerkleinern. Zerkleinerte Möhren im Mixtopf lassen und wie im Rezept beschrieben fortfahren. Im 4. Schritt die 100 g Sonnenblumenkerne durch 30 g Walnüsse ersetzen.

20 Min. | 2 Std. | einfach | 20 Scheiben

Pro Scheibe: Eiweiß 4 g
Kohlenhydrate 12 g/Fett 4 g
Brennwert 409 kJ/98 kcal

BRÖTCHEN AUS DEM VAROMA

Probieren Sie diese leckeren Brötchen aus dem Varoma. Sie werden überrascht sein, wie luftig und locker sie sind. Wenn Sie die Knusprigkeit vermissen sollten, können Sie die Brötchen natürlich auch kurz toasten.

ZUTATEN

950 g Wasser
15 g frische Hefe
oder 1½ TL Trockenhefe (6 g)
Öl zum Einfetten
250 g Weizenmehl Type 550
und etwas mehr zum Bemehlen
1 TL Salz
3 TL Sesamkörner, weiß oder schwarz, und etwas mehr zum Bestreuen

NÜTZLICHES ZUBEHÖR

Kuchengitter

ZUBEREITUNG

1. 150 g Wasser und Hefe in den Mixtopf geben und **2 Min./37°C/Stufe 1** erwärmen. In dieser Zeit Varoma-Behälter und Einlegeboden einfetten und zur Seite stellen.
2. Mehl, Salz und Sesamkörner zugeben, **2 Min. 30 Sek./** kneten und Teig auf eine bemehlte Arbeitsfläche geben.
3. Aus dem Teig 10-12 kleine Kugeln (Ø 3 cm) formen, in den vorbereiteten Varoma-Behälter und den Einlegeboden verteilen, Varoma mit dem Varoma-Deckel verschließen und den Teig gehen lassen, bis sich das Volumen etwa verdoppelt hat (ca. 1 Stunde). Brötchen mit Sesamkörnern bestreuen.
4. 800 g Wasser in den Mixtopf geben, Varoma aufsetzen und **40 Min./Varoma/Stufe 1** dampfgaren. Brötchen auf einem Kuchengitter abkühlen lassen und frisch oder getoastet servieren.

TIPP

- Wenn die Brötchen vor dem Servieren komplett abkühlen, sind sie außen weich und innen schön luftig.

VARIANTEN

- **Grüne Brötchen aus dem Varoma:** Vor dem 2. Schritt 50 g Spinatblätter und zusätzlich 50 g Mehl zugeben und **10 Sek./Stufe 9** vermischen. Wie im 2. Schritt beschrieben mit dem Rezept fortfahren, dabei aber die Sesamkörner weglassen.
- **Rote Brötchen aus dem Varoma:** Vor dem 2. Schritt 30 g Tomatenmark und zusätzlich 50 g Mehl zugeben und **10 Sek./Stufe 5** vermischen. Wie im 2. Schritt beschrieben mit dem Rezept fortfahren, dabei aber die Sesamkörner weglassen.

15 Min.

2 Std.
10 Min.

einfach

10
10 Stück

Pro Stück: Eiweiß 4 g
Kohlenhydrate 19 g/Fett 3 g
Brennwert 495 kJ/118 kcal

3. Schritt

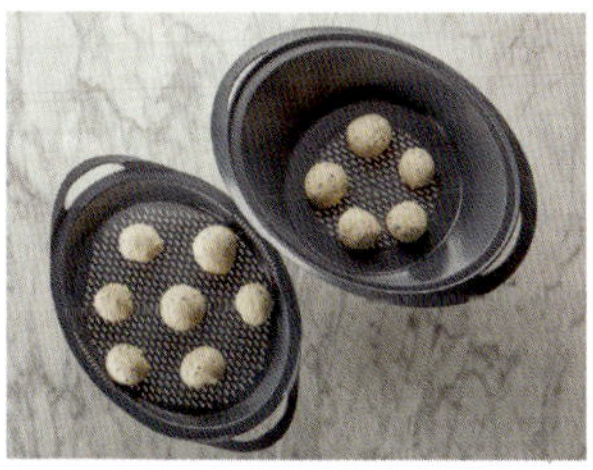

Varianten

DESSERTS UND SÜSSES

ANANAS-PÄCKCHEN

Eine im Dampf gegarte Ananas behält ihre Aromen und ist ein tolles Dessert, das heiß oder kalt serviert werden kann. Eine Kugel vom Lieblingseis macht das Dessert zu einem fruchtig-cremigen Erlebnis.

ZUTATEN

¼-½ Vanilleschote, der Länge nach halbiert
50 g brauner Zucker
1 Limette, nur die Schale, dünn abgeschält
1 frische Ananas
30-40 g Rum (optional)
400 g Wasser
4 Minzblätter, frisch, fein geschnitten

NÜTZLICHES ZUBEHÖR

Backpapier oder hitzebeständige Frischhaltefolie

ZUBEREITUNG

1. Vanilleschote, brauner Zucker und Limettenschale in den Mixtopf geben, **10 Sek./Stufe 10** pulverisieren und in eine Schüssel umfüllen.
2. Ananas mit einem scharfen Messer schälen, vertikal in 4-6 Spalten – je nach Größe der Ananas – schneiden und das harte Mittelstück entfernen. Jede Spalte in 3-5 mm dünne Scheiben schneiden und auf ein Stück Backpapier oder hitzebeständige Frischhaltefolie setzen. Dabei die Scheiben zusammenlassen, um die Form der Spalten zu erhalten. Ananas mit Rum beträufeln, mit dem Vanille-Limetten-Zucker bestreuen und die Päckchen verschließen. Ananas-Päckchen in Varoma-Behälter und Einlegeboden verteilen und 20-30 Minuten marinieren lassen.
3. Wasser in den Mixtopf geben, Varoma aufsetzen und **15 Min./Varoma/Stufe 1** dampfgaren. Varoma abnehmen. Zum Servieren die Päckchen vorsichtig öffnen, Ananas auf einen Dessertteller geben, mit den Minzblättchen bestreuen und warm oder kalt servieren.

TIPPS

- Für 4 Portionen benötigen Sie ca. 650-800 g geschälte Ananas. Kaufen Sie daher eine ca. 1500-1700 g schwere Frucht.
- Servieren Sie die Ananas-Päckchen warm mit einer Kugel Limettensorbet oder einer Eiscreme Ihrer Wahl (z. B. Vanille, Kokosnuss, Rum mit Rosinen).
- Nutzen Sie einen Melonenkugelausstecher oder die Spitze eines Schälmessers, um aus der geschälten Ananas alle „Augen" zu entfernen.

VARIANTEN

- Essen Kinder mit, lassen Sie den Rum einfach weg.
- Ersetzen Sie die Limettenschale durch Orangen- oder Zitronenschale und den braunen Zucker durch Kokosnusszucker.

2. Schritt

25 Min. | 1 Std. | einfach | 4 Portionen | *Pro Portion:* Eiweiß 1 g, Kohlenhydrate 35 g/Fett 0 g, Brennwert 739 kJ/177 kcal

ÄPFEL MIT CIDRE-SABAYON

Wenn Sie auf der Suche nach einem einfachen, aber eleganten Dessert sind, haben wir etwas für Sie. Durch den Dampf wird das natürliche Aroma der Äpfel schön hervorgehoben, und die luftige Cidre-Sabayon gibt ihnen eine cremige Note.

ZUTATEN

Äpfel dampfgaren

4 Äpfel (à ca.150 g) (z. B. Braeburn, Golden Delicious, Fuji, Royal Gala), mit oder ohne Schale
2-3 EL Zitronensaft (25 g)
500 g Wasser

Cidre-Sabayon

50 g Zucker
1 Ei
3 Eigelb
160 g Cidre, trocken
2 TL Zimt-Zucker-Mischung oder 1 TL gemahlener Zimt zum Bestreuen

ZUBEREITUNG

Äpfel dampfgaren

1. Kerngehäuse der Äpfel entfernen, Äpfel vierteln oder achteln und in den Varoma-Behälter legen. Zitronensaft darüber verteilen und gut vermischen, damit die Äpfel nicht braun werden. Äpfel in der Mitte des Varoma-Behälters und auf dem Einlegeboden verteilen und zur Seite stellen.
2. Wasser in den Mixtopf geben, Varoma mit Einlegeboden aufsetzen und **18-22 Min./Varoma/Stufe 1** dampfgaren, bis die Äpfel weich sind. Die Garzeit ist abhängig von Apfelsorte und Reifegrad.
3. Varoma-Behälter auf den Varoma-Deckel stellen und Äpfel abkühlen lassen. Mixtopf leeren und trocknen.

Cidre-Sabayon

4. Zucker in den Mixtopf geben, **15 Sek./Stufe 10** pulverisieren und mit dem Spatel nach unten schieben.
5. **Rühraufsatz einsetzen.** Ei, Eigelb und Cidre zugeben und **9 Min./70°C/Stufe 3** erhitzen. In dieser Zeit die Äpfel auf 4 Desserttellern anrichten. **Rühraufsatz entfernen.**
6. Sabayon über die Äpfel gießen, mit Zimt-Zucker-Mischung bestreuen und sofort servieren.

15 Min. | 40 Min. | einfach | 4 Portionen

Pro Portion: Eiweiß 5 g
Kohlenhydrate 34 g/Fett 6 g
Brennwert 969 kJ/232 kcal

TIPPS

- Farbe bekommt das Dessert, wenn die Äpfel ungeschält bleiben.
- Mit frischen Minzblättern garnieren.
- Mit einer Kugel Vanilleeis servieren.
- Bewirten Sie Gäste, können Sie dieses Rezept bis zum 4. Schritt gut vorbereiten. Fahren Sie dann mit der Zubereitung der Sabayon ab dem 5. Schritt, erst kurz bevor Sie das Dessert servieren möchten, fort.

VARIANTE

- Ersetzen Sie den Cidre durch Apfelsaft oder Sekt (z. B. Champagner, Prosecco) oder durch eine Kombination aus beidem.

BIRNEN MIT SCHOKOLADEN-KARDAMOM-SAUCE

Birnen und Schokolade passen perfekt zueinander. Kommen Kardamom und geröstete Nüsse dazu, geben Sie dem Klassiker eine kreative Geschmackskomponente. Sie können Gewürze und Nusssorten so miteinander kombinieren, wie Sie es am liebsten mögen.

ZUTATEN

400 g Wasser
300-400 g reife Birnen (3-4), geschält, halbiert, entkernt
100 g Zartbitter-Schokolade (50% Kakao), in Stücken (2-3 cm)
100 g Sahne
1 TL Honig
1½ TL Kardamom
50 g gehobelte Mandeln, geröstet, oder Pistazien, ungesalzen, geschält, geröstet

ZUBEREITUNG

1. Wasser in den Mixtopf geben, Varoma aufsetzen, Birnen hineinlegen, verschließen und **20 Min./Varoma/Stufe** 1 dampfgaren. Den geschlossenen Varoma zum Warmhalten auf einen Teller stellen. Mixtopf leeren und trocknen.
2. Zartbitter-Schokolade, Sahne, Honig und Kardamom in den Mixtopf geben und **7 Min./60°C/Stufe 1.5** schmelzen.
3. Birnen auf 4 einzelne Dessertteller verteilen und Schokoladen-Kardamom-Sauce darübergießen. Dessert mit gehobelten Mandeln bestreuen und servieren.

TIPPS

- Die gegarten Birnen lassen sich gut vorbereiten. Erst kurz vor dem Servieren die Schokoladen-Kardamom-Sauce herstellen und über die gekühlten oder zimmerwarmen Birnen gießen.
- Für einen besonderen Anlass servieren Sie dieses Dessert mit Schlagsahne und einer Kugel Vanilleeis.

VARIANTEN

- Um das Dessert mal anders zu präsentieren, schneiden Sie die gegarten Birnen in kleine Würfel (0,5-1 cm), geben diese in kleine Gläser, träufeln Schokoladen-Kardamom-Sauce darüber und toppen das Dessert mit Nüssen.
- Ersetzen Sie Kardamom durch Zimt oder andere Gewürze nach Ihrem Geschmack.
- Anstelle der gekauften, gehobelten Mandeln, bereiten Sie Ihre Nüsse selbst zu: Bevor Sie mit dem Rezept beginnen, heizen Sie den Backofen auf 160°C vor. Streuen Sie ganze Nüsse (z. B. Mandeln, Pistazien, Pekannüsse) als eine Lage auf ein Backblech und rösten Sie sie 10 Minuten im Backofen. Wenn die Nüsse abgekühlt sind, im Mixtopf **5-10 Sek./Stufe 5** hacken und anstelle der gehobelten Mandeln verwenden.
- Servieren Sie die Schokoladen-Kardamom-Sauce mit Obst Ihrer Wahl, egal ob im Dampf gegart oder roh.

10 Min. | 40 Min. | einfach | 4 Portionen

Pro Portion: Eiweiß 5 g
Kohlenhydrate 25 g/Fett 25 g
Brennwert 1480 kJ/354 kcal

ROTWEINBIRNEN

Dieses einfache Dessert schmeckt frisch und aromatisch und kann in vielen Varianten serviert werden, z. B. mit Vanilleeis oder Sabayon. Die Birnen erhalten nach 1-2 Tagen im Gewürzsud eine schöne dunkelrote Farbe. In unserem Tipp können Sie nachlesen, wie Sie die Birnen als Geschenk haltbar machen können.

ZUTATEN

500 g Rotwein (trockener Rotwein, z. B. Beaujolais)
100 g Zucker
1 TL Honig
2 Zimtstangen (ca. 5 g)
3 Gewürznelken
800 g reife Birnen, geschält, geviertelt und entkernt

NÜTZLICHES ZUBEHÖR

Kunststoffbehälter (1 Liter Fassungsvermögen)

ZUBEREITUNG

1. Rotwein, Zucker, Honig, Zimtstangen und Nelken in den Mixtopf geben. Birnenviertel in Varoma-Behälter und Einlegeboden verteilen, aufsetzen und **20-25 Min./Varoma/⟲/Stufe 1** weich garen, dabei die Dampfgarzeit an die Birnensorte, -größe und -reife anpassen. Varoma abnehmen und zur Seite stellen.
2. Den Gewürzwein durch den Gareinsatz in einen Behälter (1 Liter) sieben und abkühlen lassen. Die gegarten Birnen in den abgekühlten Wein geben, abdecken und 2-3 Stunden im Kühlschrank marinieren oder – für eine intensivere Farbe – 1-2 Tage.
3. Vor dem Servieren den Behälter aus dem Kühlschrank nehmen, Gewürzwein in den Mixtopf geben und ohne Messbecher **15-20 Min./Varoma/Stufe 1** reduzieren, bis der Wein leicht eingedickt ist - beim Abkühlen dickt er noch nach. Birnen in 6 Dessertschälchen geben, 1-2 EL der heißen oder lauwarmen Weinreduktion darübergeben und servieren.

TIPPS

- Servieren Sie die Birnen mit Sabayon oder Vanille-Eiscreme.
- Bewahren Sie die Birnen im Kühlschrank auf und essen Sie sie innerhalb von 7 Tagen.
- Rotweinbirnen kann man auch konservieren: Im 1. Schritt zusätzlich 300 g Wasser zugeben, dann im 2. Schritt die gegarten Birnen in saubere Schraubgläser geben, den heißen Gewürzwein darübergießen, sofort verschließen, umdrehen und 10 Minuten auf die Deckel stellen. Die konservierten Birnen halten sich einige Wochen und sollten, einmal angebrochen, innerhalb von 7 Tagen gegessen werden.
- Eine leckere süß-herzhafte Kombination können Sie als Vorspeise oder Käsegang servieren, wenn die Rotweinbirnen zusammen mit Gorgonzola gereicht werden.

VARIANTEN

- Schneller geht es, wenn der 2. Schritt übersprungen und direkt die Rotweinreduktion ohne ein Marinieren der Birnen hergestellt wird. In diesem Fall bleiben die Birnen hell.
- Die Gewürze im Rotwein können nach Geschmack ersetzt oder ergänzt werden (z. B. Sternanis, Anissamen, Vanille).

15 Min. | 3 Std. 20 Min. | einfach | 6 Portionen | *Pro Portion:* Eiweiß 1 g, Kohlenhydrate 36 g/Fett 0 g, Brennwert 853 kJ/204 kcal

QUINOA-PUDDING MIT HIMBEERSAUCE

Ist es ein Frühstück? Oder ein Dessert? Egal, für welche Tageszeit Sie sich entscheiden, diese Puddings bestehen aus lauter leckeren Zutaten und schmecken Groß und Klein.

ZUTATEN

Himbeersauce

300 g Himbeeren, frisch, oder gefroren, aufgetaut
100-150 g Zucker, nach Geschmack
30 g Zitronensaft
Butter zum Einfetten

Quinoa-Pudding

300 g Orangensaft, frisch gepresst, (4-5 Orangen)
300 g Kokosmilch, frisch oder konserviert
50 g Datteln, entsteint
½ TL Zimt, nach Geschmack oder ¼-½ TL Kardamom
160 g Quinoa
½ Vanilleschote oder ½ TL Vanilleextrakt
1 Banane, reif (ca. 100 g), in Scheiben
500 g Wasser
50 g frische Beeren, gemischt

NÜTZLICHES ZUBEHÖR

6 Souffléförmchen (Ø 8 cm, 4 cm hoch, 140 ml Fassungsvermögen)
Sieb, mittelfein

ZUBEREITUNG

Himbeersauce

1. Himbeeren, Zucker und Zitronensaft in den Mixtopf geben und **6 Min./90°C/Stufe 4** kochen. In dieser Zeit 6 Souffléförmchen (Ø 8 cm, 4 cm hoch, 140 ml Fassungsvermögen) einfetten. Um die Himbeerkerne zu entfernen, Sauce durch ein mittelfeines Sieb in eine Schüssel umfüllen und abkühlen lassen.

Quinoa-Pudding

2. Orangensaft und Kokosmilch in den Mixtopf geben und **4 Min./100°C/Stufe 1** erhitzen.
3. Datteln zugeben und **10 Sek./Stufe 8** zerkleinern.
4. Zimt und Quinoa zugeben und **20 Min./100°C/Stufe 1** garen.
5. Vanilleschote der Länge nach halbieren und Mark auskratzen. Vanillemark und Bananenscheiben in den Mixtopf zugeben, **15 Sek./Stufe 3** vermischen und in die vorbereiteten Souffléförmchen verteilen. 4 Förmchen in den Varoma-Behälter und 2 Förmchen mittig auf den Einlegeboden platzieren. Mixtopf ausspülen.
6. Wasser in den Mixtopf geben, Varoma mit Einlegeboden aufsetzen und **35 Min./Varoma/Stufe 1** dampfgaren. Puddings zur Seite stellen und ca. 30 Minuten abkühlen lassen. Quinoa-Pudding im Förmchen mit Himbeersauce beträufeln, mit frischen Beeren dekorieren und warm oder kalt servieren.

25 Min. | 2 Std. | einfach | 6 Portionen

Pro Portion: Eiweiß 6 g
Kohlenhydrate 55 g/Fett 13 g
Brennwert 1599 kJ/382 kcal

5. Schritt

TIPPS

- Um die Puddings im Dampf zu garen, können auch andere kleine Gefäße gewählt werden, wie Espressotassen, Gläser, Becher, kleine Terrinen oder Silikon-Muffinförmchen, vorausgesetzt, sie passen in den Varoma-Behälter und sind hitzebeständig. Die Zeit zum Dampfgaren muss 5-10 Minuten verlängert werden, wenn die Förmchen nicht aus Metall sind oder ein größeres Fassungsvermögen als 140 ml haben. Sind die Förmchen nicht höher als 4 cm, können sie, wie im Rezept beschrieben, auf Varoma-Behälter und Einlegeboden verteilt werden. Sind sie höher, stellen Sie sie nur in den Varoma-Behälter. Passen nicht alle hinein, garen Sie die Puddings in 2 Durchgängen und geben bei Bedarf zusätzliches Wasser in den Mixtopf.
- Nicht sofort verzehrte Puddings halten sich im Kühlschrank 2-3 Tage. Gegarte Puddings auf Raumtemperatur abkühlen lassen, abdecken und in den Kühlschrank stellen. Kalt servieren oder vor dem Servieren wieder erwärmen, indem sie im Gareinsatz oder Varoma-Behälter mit 400 g Wasser im Mixtopf wieder **20 Min./Varoma/Stufe 1** im Dampf erhitzt werden.

STICKY-TOFFEE-PUDDING

Die Puddings sind ein britischer Klassiker. Mit dem Thermomix® sind sie einfach zuzubereiten und die Karamellsauce ist im Handumdrehen fertig. Wenn Sie dunkelbraunen Zucker, braunen Zucker und hellen Sirup im Supermarkt finden, verwenden Sie diese Zutaten – so wird der Geschmack der Puddings sehr authentisch. Sie können alternativ jede Form braunen Zuckers verwenden. Honig oder Ahornsirup ersetzen den hellen Sirup.

ZUTATEN

150 g Datteln, entsteint
1 TL Natron
180 g Wasser
Butter zum Einfetten

Sticky-Toffee-Sauce

60 g Butter, in Stücken
60 g weicher, brauner Zucker (z. B. Muscovado-Zucker), oder brauner Zucker
75 g heller Zuckerrübensirup oder Honig
40 g Milch
¼ TL Vanilleextrakt oder ½ TL Vanillezucker, selbst gemacht

Sticky-Toffee-Pudding

40 g Butter, in Stücken
110 g Zucker oder brauner Zucker
150 g Mehl
½ TL Backpulver
1 Ei (Größe L)
700 g Wasser

NÜTZLICHES ZUBEHÖR

8 Becherformen aus Metall (6 cm hoch, 100 ml Fassungsvermögen)
Servierkrug

ZUBEREITUNG

1. Eine Schüssel (0,5 l) auf den Mixtopfdeckel stellen, Datteln und Natron zugeben und zur Seite stellen.
2. Wasser in den Mixtopf geben, **4 Min./Varoma/Stufe 1** erhitzen und vorsichtig über die Datteln mit dem Natron gießen; diese Mischung schäumt auf. Datteln 20 Minuten einweichen lassen. In dieser Zeit 8 Becherformen aus Metall (6 cm hoch, 100 ml Fassungsvermögen, siehe Tipp) einfetten und in den Varoma-Behälter stellen.

Sticky-Toffee-Sauce

3. Butter, weichen, braunen Zucker, Zuckerrübensirup, Milch und Vanilleextrakt in den Mixtopf geben und **7 Min./100°C/Stufe 2** kochen. Sauce in einen kleinen Servierkrug füllen und 10 Minuten abkühlen lassen, bevor die Sauce zum Eindicken in den Kühlschrank gestellt wird. In dieser Zeit den Pudding zubereiten.

Fortsetzung auf Seite **224** ▶

25 Min. | 1 Std. | mittel | 8 Portionen

Pro Portion: Eiweiß 3 g
Kohlenhydrate 54 g/Fett 14 g
Brennwert 1522 kJ/363 kcal

▶ Sticky-Toffee-Pudding, Fortsetzung

Sticky-Toffee-Pudding

4. Eingeweichte Datteln mit Einweichflüssigkeit, Butter, braunem Zucker, Mehl, Backpulver und Ei in den Mixtopf geben, **20 Sek./Stufe 5** vermischen und gleichmäßig auf die 8 vorbereiteten Förmchen verteilen. Mixtopf ausspülen.
5. Wasser in den Mixtopf geben, Varoma aufsetzen und **30 Min./Varoma/Stufe 1** dampfgaren. Varoma abnehmen, Puddings aus den Förmchen stürzen und warm mit der Sticky-Toffee-Sauce servieren.

TIPPS

- Die Puddings können auch in anderen kleinen Schüsselchen oder Förmchen z. B. 5-8 Souffléförmchen, Espressotassen, Gläsern oder Silikon-Muffinförmchen gegart werden, vorausgesetzt, sie sind hitzebeständig und passen in den Varoma-Behälter. Die Garzeit muss evtl. 5-10 Minuten verlängert werden, wenn die Förmchen nicht aus Metall sind oder ein größeres Fassungsvermögen als 110 ml haben.
- Sticky-Toffee-Puddings können auch mit flüssiger Sahne oder Eiscreme serviert werden.
- Das Rezept ergibt ca. 200 ml Sauce. Um die doppelte Menge herzustellen, werden bei gleicher Zeiteinstellung alle Zutaten verdoppelt. Übrige Sauce in ein sauberes Schraubglas gefüllt, hält sich im Kühlschrank bis zu 3 Monate. Wenn sich die kalte Sauce etwas absetzt, vor dem Servieren kurz umrühren.

VARIANTEN

- Datteln können durch Rosinen ersetzt werden.
- Garen Sie einen großen Pudding in einer tiefen Springform (Ø 20 cm), deren Boden mit einem gefetteten Backpapier ausgelegt wurde. Stellen Sie sicher, dass noch genügend Dampfschlitze im Varoma-Behälter frei bleiben, damit der Dampf zirkulieren kann. Legen Sie ein Gitter oder Essstäbchen auf den Boden des Varoma-Behälters, damit die Form nicht direkt auf den Dampfschlitzen steht. Dampfgaren Sie 40-45 Minuten oder so lange, bis ein Holzstäbchen, das in die Mitte des Puddings gesteckt wurde, sauber wieder herausgezogen werden kann.

4. Schritt

CHEESECAKES IM GLAS

Diese kleinen Käsekuchen können im Voraus zubereitet werden und eignen sich für ein Picknick, als Geschenk für gute Freunde, als Mitbringsel für ein Kindergartenfest etc. Die große Kunst besteht darin, wirklich nur eine einzige Portion zu essen. Aber wer möchte das schon?

ZUTATEN

Krümelboden

20 g Butter
40 g Vollkornkekse oder Butterkekse
20 g Nüsse, ganz (z. B. Haselnüsse, Walnüsse, Pistazien, Mandeln)
20 g brauner Zucker oder Honig

Füllung

300 g Doppelrahm-Frischkäse
50 g Sahne
60 g Zucker
1½ TL Vanillezucker, selbst gemacht oder 1 TL Vanilleextrakt
1 Prise Salz
2 Eier
400 g Wasser

Topping

200 g gemischte, rote Beeren, frisch oder gefroren
40 g Zucker

NÜTZLICHES ZUBEHÖR

6 hitzebeständige Gläser (Ø 6 cm, 8 cm hoch)
hitzebeständige Frischhaltefolie

ZUBEREITUNG

Krümelboden

1. Butter, Vollkornkekse, Nüsse und braunen Zucker in den Mixtopf geben, **10 Sek./Stufe 7** zerkleinern und die krümelige Mischung auf 6 hitzebeständige Gläser (Ø 6 cm, 8 cm hoch) verteilen. Mischung mit einem Löffel oder den Fingern an den Boden der Gläser drücken.

Füllung

2. Frischkäse, Sahne, Zucker, Vanillezucker, Salz und Eier in den Mixtopf geben, **1 Min./Stufe 4** vermischen und auf den Krümelboden in die Gläser verteilen. Gläser mit hitzebeständiger Frischhaltefolie oder Deckeln abdecken und in den Varoma-Behälter stellen. Mixtopf spülen.
3. Wasser in den Mixtopf geben, Varoma aufsetzen und **22 Min./Varoma/Stufe 1** dampfgaren. Varoma abnehmen und ohne Deckel zum Abkühlen zur Seite stellen. Mixtopf leeren und mit der Zubereitung des Toppings fortfahren.

Topping

4. Beeren und Zucker in den Mixtopf geben und **11 Min./100°C/Stufe 1** kochen. Jeden Cheesecake mit 2 EL dieser Beerenkonfitüre toppen und die Kuchen komplett abkühlen lassen. Dann mindestens 2 Stunden in den Kühlschrank stellen und gekühlt servieren.

Fortsetzung auf Seite **226** ▶

30 Min. | 4 Std. | einfach | 6 Gläser

Pro Glas: Eiweiß 10 g
Kohlenhydrate 29 g/Fett 26 g
Brennwert 1636 kJ/391 kcal

▶ Cheesecakes im Glas, Fortsetzung

TIPPS

- Diese Cheesecakes lassen sich gut einfrieren.
- Anstelle der Gläser können für die Kuchen auch hitzebeständige Trinkgläser oder Kaffeetassen verwendet werden.

VARIANTEN

- Aromatisieren Sie die Füllung zusätzlich z. B. mit Zitronen- oder Limettenschale oder ½ TL Zimt.
- Für eine nussfreie Variante lassen Sie die Nüsse einfach weg oder ersetzen Sie sie durch 60 g Kekse.
- Ohne den Krümelboden ist das Dessert leichter.
- Statt mit gekochten Beeren kann das Dessert mit frischem, saisonalem Obst, Karamellsauce oder Schokoladen-Ganache garniert werden.

1. Schritt

2. Schritt

PISTAZIEN-CHEESECAKES MIT MANGO

ZUTATEN

40 g Pistazien, ungesalzen, geschält oder Haselnüsse
Butter zum Einfetten
8 Blätter frische Minze und etwas mehr zum Garnieren
1 Limette, nur die Schale
2 EL Speisestärke (30 g)
100 g Vollrohrzucker oder Zucker
250 g Frischkäse
250 g Ricotta
4 Eier
500 g Wasser
1 reife Mangos, gewürfelt, oder 2 Pfirsiche, gewürfelt

NÜTZLICHES ZUBEHÖR

6 Souffléförmchen (Ø 8 cm, 4 cm hoch, 140 ml Fassungsvermögen)
hitzebeständige Frischhaltefolie

Pistazie und Mango gehören einfach zusammen. Sie geben diesem Dessert eine exotische Note, die nicht zu süß ist und gleichzeitig für eine cremige Konsistenz sorgt. Sie können das Dessert bis zu 2 Tage im Voraus zubereiten und im Kühlschrank aufbewahren

ZUBEREITUNG

1. Pistazien in den Mixtopf geben und **4 Sek./Stufe 7** zerkleinern. 6 Souffléförmchen (Ø 8 cm, 4 cm hoch, siehe Tipp) großzügig mit Butter einfetten, gehackte Pistazien hineingeben und so schwenken, dass Wände und Böden der Förmchen mit gehackten Pistazien paniert sind. Die restlichen Pistazien aus den Förmchen in ein Schüsselchen klopfen und zum Garnieren zur Seite stellen.
2. Minze, Limettenschale, Speisestärke und Zucker in den Mixtopf geben, **15 Sek./Stufe 9** zerkleinern und mit dem Spatel nach unten schieben.
3. Frischkäse, Ricotta und Eier zugeben, **10 Sek./Stufe 4.5** vermischen und bis 1 cm unter den Rand in die vorbereiteten Souffléförmchen füllen. Jedes Förmchen mit hitzebeständiger Frischhaltefolie abdecken, 4 Förmchen in den Varoma-Behälter und 2 auf den Einlegeboden stellen. Mixtopf spülen.
4. Wasser in den Mixtopf geben, Varoma aufsetzen und **25 Min./Varoma/Stufe 1** dampfgaren. Varoma abnehmen, auf den Varoma-Deckel stellen und Cheesecakes 30 Minuten abkühlen lassen. Förmchen in den Kühlschrank stellen und mindestens 1 Stunde kühlen. Frischhaltefolie von den gekühlten Cheesecakes entfernen, Kuchen vorsichtig aus den Förmchen auf 6 Dessertteller stürzen und mit Mangowürfeln, Minzblättern und den restlichen gehackten Pistazien garniert servieren.

Fortsetzung auf Seite **230** ▶

35 Min. | 2 Std. 30 Min. | mittel | 6 Portionen

Pro Portion: Eiweiß 15 g
Kohlenhydrate 28 g/Fett 31 g
Brennwert 1906 kJ/455 kcal

▶ Pistazien-Cheesecakes mit Mango, Fortsetzung

TIPPS

- Um diese Cheesecakes im Dampf zu garen, können auch andere kleine Gefäße gewählt werden, wie Espressotassen, Gläser, Becher, kleine Terrinen oder Silikon-Muffinförmchen, vorausgesetzt, sie passen in den Varoma-Behälter und sind hitzebeständig. Die Zeit zum Dampfgaren muss 5-10 Minuten verlängert werden, wenn die Förmchen nicht aus Metall oder größer als 140 ml sind. Sind die Förmchen nicht höher als 4 cm, können sie, wie im Rezept beschrieben, auf Varoma-Behälter und Einlegeboden verteilt werden. Sind sie höher, stellen Sie sie nur in den Varoma-Behälter. Passen nicht alle hinein, garen Sie die Cheesecakes in 2 Durchgängen und geben bei Bedarf zusätzliches Wasser in den Mixtopf.
- Die Pistazien-Cheesecakes lassen sich gut im Voraus zubereiten und 1-2 Tage im Kühlschrank aufbewahren.

VARIANTEN

- Anstatt mit Mangowürfeln kann man die Cheesecakes auch mit Mangofruchtsauce servieren. 250 g Mango, in Stücken, 75 g Zucker und 15 g Zitronen- oder Limettensaft in den Mixtopf geben, **30 Sek./Stufe 5-10 schrittweise ansteigend** pürieren und mit dem Spatel nach unter schieben. Dann **5 Min./90°C/Stufe 2** erhitzen und abgekühlt jeweils 1-2 EL Fruchtsauce über oder neben jeden Cheesecake geben.
- Garnieren Sie nach Wunsch mit saisonalem Obst, wenn Mangos gerade keine Saison haben. Gefrorene Mangos können aufgetaut verwendet werden.

1. Schritt

3. Schritt

HEFE-SCHOKO-KLÖSSCHEN MIT KIRSCHSAUCE

ZUTATEN

Hefe-Schoko-Klößchen
120 g Milch
30 g Zucker
20 g Butter und etwas mehr zum Einfetten
20 g frische Hefe
oder 2 TL Trockenhefe (8 g)
280 g Mehl
¼ TL Salz
1 Ei
16 Stücke Schokolade (ca. 60-80 g)
500 g Wasser

Kirschsauce
600 g Kirschen, entkernt, frisch oder aufgetaut
10-15 g Speisestärke
30-40 g Zucker nach Geschmack

Diese Hefeklößchen aus dem Varoma sind als Dessert eine Offenbarung. Der Teig ist fluffig-locker und hat als Geheimnis noch einen Schokoladen-Schatz als Kern. Ein Fruchtspiegel komplettiert das Ganze – die perfekte Kombination vieler Aromen.

ZUBEREITUNG

Hefe-Schoko-Klößchen

1. Milch, Zucker, Butter und Hefe in den Mixtopf geben und **3 Min./37°C/Stufe 2** erwärmen.
2. Mehl, Salz und Ei zugeben und **3 Min./** kneten. In dieser Zeit Varoma-Behälter und Einlegeboden einfetten.
3. Aus dem Teig 16 gleich große Kugeln (à ca. 30-35 g) formen, in der Hand flachdrücken und jeweils 1 Stück Schokolade in die Mitte legen. Teig um die Schokolade verschließen und zu kleinen Klößchen formen. 7 Klößchen in den vorbereiteten Varoma-Behälter und 9 auf den Einlegeboden verteilen. Varoma verschließen und Teig an einem warmen Ort 30 Minuten gehen lassen.
4. Wasser in den Mixtopf geben, Varoma aufsetzen und **20 Min./Varoma/Stufe 1** dampfgaren. Varoma abnehmen und zum Warmhalten verschlossen zur Seite stellen. Mixtopf leeren.

Kirschsauce

5. Kirschen, Speisestärke und Zucker in den Mixtopf geben und **15 Sek./Stufe 8** pürieren.
6. Messbecher entfernen, Varoma aufsetzen und Kirschsauce **8 Min./100°C/Stufe 2** aufkochen. Hefe-Schoko-Klößchen sofort mit der Kirschsauce servieren.

Fortsetzung auf Seite **232** ▶

30 Min. | 1 Std. 30 Min. | mittel | 16 16 Stück | *Pro Stück:* Eiweiß 4 g Kohlenhydrate 26 g/Fett 4 g Brennwert 663 kJ/158 kcal

▶ Hefe-Schoko-Klößchen mit Kirschsauce, Fortsetzung

TIPPS

- Besonders lecker und locker sind die Hefeklößchen direkt aus dem Varoma. Servieren Sie sie daher so schnell wie möglich.
- Lassen Sie den Hefeteig in Ihrem Thermomix® gehen: Im 3. Schritt Wasser in den Mixtopf geben, Varoma mit den Hefeklößchen aufstellen und **30 Min./45°C/Stufe 1** für ein günstiges Klima zum Gehen des Teigs sorgen. Dann die gegangenen Hefeklößchen **20 Min./Varoma/Stufe 1** dampfgaren und wie im Rezept beschrieben fortfahren.

VARIANTEN

- Ersetzen Sie die Kirschen durch Himbeeren oder anderes Obst (z. B. Heidelbeeren, Pfirsiche, Pflaumen, Erdbeeren). Zuckerzugabe dann an die jeweilige Süße des Obstes anpassen.
- Anstelle von frischem oder gefrorenem Obst wählern Sie 500 g Dosenobst, 5-10 g Speisestärke und 20-30 g Zucker.
- Variieren Sie die Füllung, indem Sie Kirschpralinen (z. B. Mon Chéri) oder haselnussgroße Stücke Marzipan anstelle der Schokoladen wählen.

3. Schritt

BACKEN – SÜSS

ZITRONENKUCHEN AUS DEM VAROMA

Kuchen ohne Backofen? Kein Problem! Im Dampf gegarte Kuchen sind sehr locker und die sanfte Hitze erlaubt Ihnen, die Schokolade für die Glasur zur selben Zeit zu schmelzen. Sie können verschiedene Backformen oder Schüsseln als Kuchenform verwenden, da die Temperatur niedriger ist als beim Backen im Backofen.

ZUTATEN

150 g Butter, in Stücken, und etwas mehr zum Einfetten
2 EL Grieß (Weich- oder Hartweizengrieß) oder Mehl zum Ausstreuen
180 g Zucker
1 Zitronen, ungespritzt, Schale dünn abgeschält, und Saft ausgepresst
3 Eier
20 g Milch
180 g Mehl
1½ TL Backpulver
1 Prise Salz
1400 g Wasser
100 g Zartbitter-Schokolade (70 % Kakao), in Stücken
1 TL neutrales Öl (z. B. Sonnenblumenöl, Rapsöl) oder 15 g Kokosfett (z. B. Palmin)

NÜTZLICHES ZUBEHÖR

Metallkuchenform (z. B. Gugelhupfform, Ø 20 cm oben und Ø 12 cm am Boden, oder Kastenform, 21 x 10 x 6 cm)
hitzebeständige Frischhaltefolie
hitzebeständiger Gefrierbeutel
Kuchengitter

ZUBEREITUNG

1. Eine Metallkuchenform, die in den Varoma passt, ohne alle Dampfschlitze zu blockieren (z. B. Gugelhupfform, Ø 20 cm oben und Ø 12 cm am Boden, oder Kastenform, 21 x 10 x 6 cm) einfetten und mit Weizengrieß ausstreuen.
2. Zucker und Zitronenschale (von ca. ½ Zitrone) in den Mixtopf geben, **30 Sek./Stufe 10** pulverisieren und mit dem Spatel nach unten schieben.
3. Butter, Eier, Milch, 20 g Zitronensaft, Mehl, Backpulver und Salz in den Mixtopf geben, **30 Sek./Stufe 5** vermischen, in die vorbereitete Backform geben und mit hitzebeständiger Frischhaltefolie abdecken. Mixtopf spülen.
4. Wasser in den Mixtopf geben, Varoma aufsetzen, Backform in den Varoma stellen, verschließen und **70 Min./Varoma/Stufe 1** dampfgaren. In dieser Zeit für den Guss Schokolade und Öl in einen hitzebeständigen Gefrierbeutel geben, fest verschließen und zur Seite legen.
5. Varoma abnehmen, Gefrierbeutel mit der Schokolade in den Varoma-Behälter neben die Kuchenform legen und sicherstellen, dass noch Dampfschlitze frei bleiben. Varoma wieder aufsetzen und weitere **10 Min./Varoma/Stufe 1** dampfgaren.
6. Varoma abnehmen, Kuchenform und Gefrierbeutel mit der geschmolzenen Schokolade entnehmen und zur Seite legen. Nach 5 Minuten die Frischhaltefolie entfernen und den Kuchen 30 Minuten in der Form abkühlen lassen.
7. Kuchen auf ein Kuchengitter stürzen. Die Schokoladenglasur vorsichtig geschmeidig kneten, eine Ecke des Gefrierbeutels abschneiden und die Glasur gleichmäßig über den Kuchen verteilen. Zitronenkuchen in Scheiben schneiden und warm oder kalt servieren.

Fortsetzung auf Seite **238** ▶

30 Min. | 2 Std. 20 Min. | einfach | 12 Scheiben

Pro Scheibe: Eiweiß 4 g
Kohlenhydrate 31 g/Fett 16 g
Brennwert 1209 kJ/289 kcal

► Zitronenkuchen aus dem Varoma, Fortsetzung

TIPPS

- Wenn Sie eine Silikon-Backform verwenden, dann verlängern Sie die Garzeit im 4. Schritt auf 80 Minuten und erhöhen Sie die Wassermenge im Mixtopf auf 1600 g.
- Bei der Verwendung einer Kastenform kann diese auch mit Backpapier ausgelegt werden. Dann erübrigt sich das Einfetten und Ausstreuen der Form.
- Sind Sie nicht sicher, ob Ihr Gefrierbeutel hitzebeständig ist, fertigen Sie Ihren „Beutel" selbst: Schneiden Sie dazu von der hitzebeständigen Frischhaltefolie ein großes Stück (ca. 30 x 30 cm) ab. Geben Sie die Schokoladenstücke und das Öl in die Mitte, fassen Sie die Folienseiten und -ecken zu einem Beutelchen zusammen und verschließen es mit einem Clip oder mit Garn.

VARIANTEN

- Anstelle einer Schokoladenglasur können Sie den Kuchen auch mit Puderzucker bestreuen oder mit Zuckerguss überziehen oder auch ganz ohne Guss servieren. Im Grundkochbuch „DAS KOCHBUCH" finden Sie passende Rezepte.
- **Zitronenguss:** 160 g Zucker **15 Sek./Stufe 10** pulverisieren. 25 g Zitronensaft zugeben und **20 Sek./Stufe 3.5** verrühren.
- **Schokoladenkuchen aus dem Varoma:** Im 2. Schritt weder Zitronenschale noch Saft zugeben. Dafür 15 g (2 EL) Backkakao und 15 g mehr Milch (erhöhte Milchmenge 45 g) zugeben. Dann wie im Rezept beschrieben fortfahren.
- **Schokoladen-Kardamom-Kuchen aus dem Varoma:** Schokoladenkuchen wie zuvor beschrieben zubereiten und im 2. Schritt zusätzlich 1-1½ TL gemahlenen Kardamom zugeben.
- **Cupcakes aus dem Varoma:** Nur ⅔ des Zitronen- oder Schokoladenkuchenteigs herstellen und in 5-6 hitzebeständige Tassen oder Gläser (ca. 6-7 cm hoch, Ø 6-7 cm) füllen, jede Tasse mit hitzebeständiger Frischhaltefolie abdecken und **40 Min./Varoma/Stufe 1** dampfgaren.

4. Schritt

Tipp

Variante

SCHOKOLADENKUCHEN MIT SCHLAGSAHNE

ZUTATEN

Schokoladenkuchen

4 Eier, getrennt
100 g Zucker
125 g Zartbitter-Schokolade (50 % Kakao), in Stücken (2 cm)
125 g Butter, in Stücken und etwas mehr zum Einfetten
100 g Mehl und etwas mehr zum Bemehlen
1 TL Backpulver (5 g)
600 g Wasser

Schlagsahne und Schokoladen-Ganache

315 g Sahne, mind. 30 % Fett, gekühlt
80 g Zartbittor Schokolade (50 % Kakao), in Stücken

NÜTZLICHES ZUBEHÖR

runde Metallkuchenform (Ø 20 cm)
Abkühlgitter oder Essstäbchen
Kuchengitter

Wollten Sie schon immer mal Komplimente für einen selbst gebackenen Kuchen erhalten? Dann ist das Ihr Rezept! Sollten Sie nicht über die richtige Backform verfügen, nehmen Sie den Einlegeboden (siehe Variante). Schließlich schmeckt ein ovaler Kuchen genauso gut wie ein runder, oder?

ZUBEREITUNG

Schokoladenkuchen

1. **Rühraufsatz einsetzen.** 4 Eiweiß und 50 g Zucker in den Mixtopf geben und **3 Min./Stufe 3.5** steif schlagen. **Rühraufsatz entfernen**, Eischnee in eine Schüssel umfüllen.
2. Zartbitter-Schokolade und Butter in den Mixtopf geben und **4 Min./70°C/Stufe 2** schmelzen.
3. **Rühraufsatz einsetzen.** Die restlichen 50 g Zucker und 4 Eigelb zugeben und **3 Min./Stufe 3.5** aufschlagen. In dieser Zeit eine runde Metallkuchenform (Ø 20 cm) einfetten und bemehlen. Ei-Schokoladen-Mischung mit dem Spatel nach unten schieben.
4. Mehl, Backpulver und Eischnee zugeben und **35 Sek./Stufe 1** verrühren. **Rühraufsatz entfernen.** Kuchenteig in die vorbereitete Kuchenform geben und gleichmäßig verteilen. Mixtopf und Rühraufsatz spülen.
5. Wasser in den Mixtopf geben. Abkühlgitter oder Essstäbchen auf den Boden des Varoma-Behälters legen (siehe Tipp) und die Kuchenform daraufstellen. Varoma aufsetzen und **30 Min./Varoma/Stufe 1** dampfgaren. Varoma absetzen, Kuchenform auf ein Kuchengitter stellen und 45 Minuten abkühlen lassen. In dieser Zeit den Mixtopf unter kaltem Wasser abspülen und mit dem Rezept fortfahren.

Fortsetzung auf Seite **240** ▶

30 Min. | 1 Std. 10 Min. | mittel | 6 Stücke

Pro Stück: Eiweiß 10 g
Kohlenhydrate 45 g/Fett 16 g
Brennwert 2863 kJ/684 kcal

▶ Schokoladenkuchen mit Schlagsahne, Fortsetzung

Schlagsahne und Schokoladen-Ganache

6. **Rühraufsatz einsetzen.** 250 g Sahne in den kalten Mixtopf geben und **ohne Zeiteinstellung/Stufe 3** bis zur gewünschten Festigkeit steif schlagen und beobachten, dass die Sahne nicht zu lange geschlagen wird. **Rühraufsatz entfernen.** Sahne in eine Schüssel umfüllen und kalt stellen.
7. Für die Schokoladen-Ganache Zartbitter-Schokolade und 65 g Sahne in den Mixtopf geben und **3 Min./50°C/Stufe 2** schmelzen. Abgekühlten Kuchen waagerecht in 2 Lagen durchschneiden und mit der Ganache füllen. Schlagsahne oben auf den Kuchen streichen und servieren.

TIPP

- Eine runde Kuchenform mit Ø 20 cm sollte auf den schrägen Seiten des Varoma-Behälters stehen und somit etwas Abstand zu den Dampfschlitzen im Boden des Behälters haben. Um ganz sicher zu sein, dass die Dampfschlitze nicht blockiert sind, können Sie auch ein Abkühlgitter oder 2 kleine Holzstäbchen oder ein größeres durchgebrochenes Stäbchen auf den Boden des Varoma-Behälters legen.

VARIANTEN

- Streichen Sie eine Lage Konfitüre zusätzlich oder anstelle der Ganache auf den Boden, bevor Sie die Schlagsahne darauf verteilen und belegen Sie den Kuchen mit saisonalem Obst.
- Stäuben Sie zum Schluss Kakao über den Kuchen oder garnieren Sie ihn mit Schokoladenspänen.
- Statt den Kuchen in einer Form zu garen, nutzen Sie den Varoma-Einlegeboden. Legen Sie den Einlegeboden so mit Backpapier aus, dass das Backpapier rundherum 2 cm hochsteht, streichen Sie den Teig darauf und im Varoma **30 Min./Varoma/Stufe 1** dampfgaren oder bis ein hineingesteckter Zahnstocher sauber wieder herauskommt. Fahren Sie dann gemäß Rezept mit den Hinweisen zum Abkühlen im 5. Schritt fort. Im 6. Schritt nehmen Sie dann 300 g Sahne anstelle von 250 g Sahne, um die größere Oberfläche ausreichend bestreichen zu können.

5. Schritt

REISKUCHEN MIT SÜSSER ADZUKIBOHNEN-PASTE

Diese süße Köstlichkeit wird traditionell am chinesischen Neujahr serviert und die Zubereitung im Thermomix® spart sehr viel Zeit. Obwohl weder Butter noch Öl verwendet werden, ist der Teig dank des Garens im Dampf sehr locker. Adzukibohnen sind kleine rote, süßliche Bohnen, die in Asien beliebt sind und vielfältig für die Herstellung von Desserts und Süßigkeiten Verwendung finden.

ZUTATEN

Süße Adzukibohnen-Paste
150 g Adzukibohnen, getrocknet, 4-24 Stunden eingeweicht
850 g Wasser
50 g brauner Zucker

Reiskuchen
100 g Reismehl (siehe Tipps)
125 g Reismehl von Klebreis oder von Mochi-Reis (süßem Reis)
60 g Puderzucker
75 g Milch
15 g Trockenobst (z. B. Rosinen, Aprikosen, Pfirsiche), in kleinen Stücken
1000 g Wasser

NÜTZLICHES ZUBEHÖR
Backpapier

ZUBEREITUNG

Süße Adzukibohnen-Paste

1. Die eingeweichten Adzukibohnen zum Abtropfen in den Gareinsatz geben und unter fließendem Wasser abspülen. Abgetropfte Adzukibohnen und 500 g Wasser in den Mixtopf geben und **45 Min./100°C/Stufe** garen. Adzukibohnen 15 Minuten im Kochwasser ziehen lassen. Die vorgegarten Bohnen in den Gareinsatz abgießen und das Kochwasser wegschütten.
2. Die vorgegarten Adzukibohnen zurück in den Mixtopf geben, 350 g Wasser zugeben und ohne Messbecher weitere **10 Min./Varoma/Stufe 3** garen.
3. Braunen Zucker zugeben, ohne Messbecher **8 Min./Varoma/Stufe 3** garen und diese süße Adzukibohnen-Paste in eine Schüssel umfüllen und auf Raumtemperatur abkühlen lassen. Mixtopf spülen.

Fortsetzung auf Seite **244** ▶

Adzukibohnen

35 Min. | 8 Std. 30 Min. | mittel | 6 Stücke

Pro Stück: Eiweiß 8 g
Kohlenhydrate 66 g/Fett 1 g
Brennwert 1318 kJ/314 kcal

▶ Reiskuchen mit süßer Adzukibohnen-Paste, Fortsetzung

Reiskuchen

4. Reismehl von weißem Reis, Reismehl vom Klebreis, Puderzucker und Milch in den Mixtopf geben, erst **1 Min./🌾** kneten und dann **30 Sek./Stufe 10** pürieren. Diese pürierte Mischung in eine weitere Schüssel umfüllen.
5. Gareinsatz mit einem angefeuchteten Backpapier so auslegen, dass es rundum am Rand ausreichend hochsteht (siehe Foto). Die Hälfte der Reismehl-Mischung hineingeben, mit einem Löffelrücken verstreichen, mit der süßen Adzukibohnen-Paste bedecken und die restliche Reismehl-Mischung daraufgeben. Das Trockenobst darauflegen und den Gareinsatz in den Varoma-Behälter stellen.
6. Wasser in den Mixtopf geben, Varoma aufsetzen und **60 Min./Varoma/Stufe 1** dampfgaren. Varoma abnehmen und den Reiskuchen auf Raumtemperatur abkühlen lassen. Den Kuchen mithilfe des Backpapiers aus dem Gareinsatz heben, Backpapier entfernen, Kuchen in 6 Stücke schneiden und als Dessert oder Snack servieren.

TIPPS

- Damit die Adzukibohnen-Paste perfekt gelingt, sind 3 verschiedene Behandlungen nötig. Das Kochen zu Beginn beseitigt die Bitterstoffe, beim 2. Kochen werden die Bohnen schön weich und dann kann zum Abschluss der Zucker die nötige Süße liefern.
- Adzukibohnen (auch Azuki- oder Adukibohne genannt), Mehl von weißem Reis und von Klebreis bekommen Sie im Asia-Shop oder im japanischen Supermarkt.
- Diese Adzukibohnen-Paste lässt sich gut vorbereiten und hält sich im Kühlschrank bis zu 1 Woche. Man kann sie auch als Fertigprodukt kaufen.

VARIANTEN

- Ersetzen Sie die Adzukibohnen durch getrocknete, rote Kidneybohnen. Diese genau wie die Adzukibohnen auch einweichen und abtropfen. Im 1. Schritt aber 750 g Wasser nehmen und 95 Minuten anstelle von nur 45 Minuten kochen. Dann wie im Rezept beschrieben fortfahren.
- Anstelle des 4. Schritts stellen Sie Ihre eigene Reismehlmischung her: 100 g weißen Rundkornreis (Milchreis oder Risottoreis) und 125 g Klebreis oder Sushireis in den trockenen Mixtopf geben und **2 Min./Stufe 10** mahlen, mit dem Spatel nach unten schieben und noch einmal **1 Min./Stufe 10** mahlen. Zucker und 35 g Milch zugeben und **1 Min./🌾** mischen, dann **30 Sek./Stufe 10** zu einer Paste rühren und diese Paste in eine Schüssel umfüllen. Mit dem Rezept wie im 5. Schritt beschrieben fortfahren.
- Nehmen Sie anstelle der Adzukibohnen-Paste eine Konfitüre oder einen Schokoladenaufstrich.

5. Schritt

KAPITELINDEX

MENÜS UND MEHR

VORSPEISEN UND SALATE

SUPPEN

NUDEL- UND REISGERICHTE

HAUPTGERICHTE

FLEISCH UND GEFLÜGEL

für Anfänger geeignet   vegetarisch

BEILAGEN

SNACKS UND FINGERFOOD

BROT UND BRÖTCHEN

DESSERTS UND SÜSSES

BACKEN – SÜSS

ALPHABETISCHER INDEX

A

B

C

D

E

F

G

✲ für Anfänger geeignet ⊘ vegetarisch *(Var.) = Variante*

H

J

K

L

M

N

O

P

Q

R

S

T

V

W

Z

NOTIZEN

GRAZIE · DZIĘKUJEMY · DANKE · 谢谢 MERCI · ΕΥΧΑΡΙΣΤΟΥΜΕ · DANK JE GRACIAS · СПАСИБО · DĚKUJEME 謝謝 · THANK YOU

Rezepte in einem internationalen Team zu entwickeln und zu testen, ist eine faszinierende Herausforderung und eine kulinarische Offenbarung. Es bereitet so viel Freude und Spaß, dass man die Anstrengung nicht realisiert, die damit verbunden ist, solche Rezepte für ein Kochbuch, einen Rezept-Chip und nicht zuletzt für ein anspruchsvolles internationales Publikum zu kreieren. Wir danken allen, die zum Gelingen dieses Projekts beigetragen haben, insbesondere den Rezeptentwicklern für ihre Kreativität, ihre Leidenschaft und ihren großen Einsatz. Unser Dank geht auch an die Rezepttester und für ihren jeweiligen Beitrag an:

IMPRESSUM

Projektmanagement
Corinna Haase

Rezeptentwicklung, -redaktion und -koordination
Andrea Aloe, Irmgard Buth, Dagmara Dąbrowska, Silvia Gherardi, Evelin Guder, Bonnie Hung, Renáta Koštýřová, Neil Lach-Szyrma, Edith Pouchard, Beatriz Rodríguez Diez, Michael Tsai, Janie Turner

Marketingmanager
Alessandra Cattaneo, Sonja Gaydies, Sophie Hanon Jaure, Sandra Jossien, Jackie Richmond, Magdalena Kruk-Ołpińska, Verena Lütke Uhlenbrock, Cécile Marié, Lucie Mikešová, April Shih

Rezept-Marketingmanager
Valentina Acquilino, Valentine Delbauffe Caballero, Vera Feller, Mingming Gao, Cindy Lin, José Namén, Céline Perrodeau, Emma Plater, Kateřina Vondrášová, Łukasz Wasyliszyn

Anwendungstechnik
Christiane Stach

Projektsteuerung
Astrid Carver Courcier, Visual Explainer, Schweiz

Nährwertberechnung
Irmgard Buth; NutriService GbR, Hennef, Deutschland

Produktion
Konzept/Design: Lichten, Hamburg, Deutschland
Layout/Satz: Effizienta oHG, München, Deutschland

Fotografie
Food und People:
Dennis Savini, Zürich, Schweiz
Food-Styling:
Judith Gmür-Stalder, Sumiswald, Schweiz
People auf den Seiten 24-27
Andreas Fischer, Wuppertal, Deutschland

Druck
Mohn Media, Gütersloh, Deutschland

Auflage
1. Auflage, September 2016
in 14 Sprachen

Herausgeber
Vorwerk International Strecker & Co.
Verenastrasse 39
CH-8832 Wollerau, Schweiz

thermomix.vorwerk.com

Article number: 24241 (VT)
Article number: 23894 de-DE/n (VI)
Article number: 24130 de-DE/nE
de-DE/n – ISBN: 978-3-03844-130-4
de-DE/nE – ISBN: 978-3-03844-129-8